PARIS THÉATRAL

RECUEIL DE PIECES NOUVELLES

ET PANTOMIMES.

LE BONHOMME DIMANCHE,

Revue Féerique en 4 actes et 20 tableaux,

Par MM. CH. POTIER, A. DE JALLAIS, RENARD et AUDEVAL.

PRIX : 60 CENTIMES.

PARIS.
DECHAUME, LIBRAIRE-ÉDITEUR, RUE CHARLOT, 57.

1853

LE BONHOMME DIMANCHE

REVUE-FÉERIQUE EN 4 ACTES ET 20 TABLEAUX, DONT UN PROLOGUE
PAR MM. CH. POTIER, A. DE JALAIS, RENARD ET AUBEVAL

Musique nouvelle de M. KRIEZEL; décors de M. ALBERT JOSSERET; costumes de M. BALLUE;

REPRÉSENTÉ POUR LA PREMIÈRE FOIS A PARIS, SUR LE THÉÂTRE DES DÉLASSEMENTS-COMIQUES,
LE 24 DÉCEMBRE 1852.

DIRECTION DE M. ÉMILE TAIGNY.

PERSONNAGES.   ACTEURS.

PERSONNAGES	ACTEURS	PERSONNAGES	ACTEURS
DIMANCHE	MM. ÉMILE VILTARD.	LE GAMIN	ADÈLE.
L'ARGENT	RENAUD.	L'ESPRIT	VALERIE.
ZODIAQUE	BLONDEL.	LA GIROFLÉE	Id.
RICHARDS, LE DÉMOLISSEUR	JOSSE.	LA CRÈCHE	ROSSI.
CRAPIN	ROCH.	UNE FEMME MUSELÉE	LEQUIEN.
LA PIÈCE FAUSSE	DONATIEN.	CAPITAINE, CALENDRIER	COELINA
LE NOUVEAU CIRQUE	Id.	LUNDI	HÉLOISE.
ROYAUMIR, LE PONT NEUF	UTRÉ.	PRINTEMPS, PIÈCE DE CINQ SOUS, LA MARGUERITE	ÉLISA.
POLICHINELLE, LE CALEMBOUR	DUSSER.	JEUDI, QUATRE SOUS, LA PENSÉE	AMÉLIE P.
1er ÉCUYER	LAHALLE.		
2me ÉCUYER	DORLÉANS.	SAMEDI, LE GRENADIER	DETHOUL.
UN OUVRIER	ONÉZIME.	MARDI, LE MYOSOTIS	INÈS.
Mme SAQUI	Mmes ALPHONSINE.	L'AUTOMNE, LE SOUCI	AUGUSTINE.
L'ABEILLE	Id.	L'HIVER, LE DAHLIA BLEU	MARY.
LA VIOLETTE	MATHILDE.	MERCREDI, LA TULIPE	SARRAH.
L'ÉTÉ	CÉCILE.	MARS, CRAYON	CLÉMENTINE.
LA CARRICATURE	Id.	AVRIL, ECUYÈRE	BERTHE.

PROLOGUE.

Le théâtre représente un camp pittoresque des Saisons. Les Mois sont groupés d'un côté et d'autre.

SCENE PREMIÈRE.

CALENDRIER, LUNDI, MARDI, MERCREDI, JEUDI, SAMEDI. *Au lever du rideau tous les Mois défilent tambours en tête.*

LUNDI. Halte... front... armes bras.. voici le colonel Calendrier qui vient faire sa ronde; attention.

Air *des Huguenots.*
LES MOIS ET LES JOURS.
Rataplan, plan, plan, etc.

CALENDRIER.
A mon appel, allons que l'on réponde,
Je crois qu'il manque ici du monde
Et que chacun tremble quand je gronde,

CALENDRIER. Janvier, février, mars, avril, mai, juin, juillet, août, septembre, octobre, novembre, décembre. *(Maniment d'armes, avancez à l'ordre on a répondu présent à chaque nom appelé.)* Et où sont les lieutenants solstices et les souslieutenants équinoxes? le printemps, l'automne, l'hiver et l'été?

LUNDI. Mon colonel, elles sont renfermées dans leurs tentes respectives.

CALENDRIER. Bon! ces paresseuses de saisons n'en font jamais d'autres! ce muguet de printemps et cet été qui fait sa poussière! ce fadasse automne et ce dos gelé d'hiver!... couchés sur le rapport... et les jours?... Lundi!

LUNDI. Présent!
CALENDRIER. Mardi!
MARDI. Présent!
CALENDRIER. Mercredi!
MERCREDI. Présent!
CALENDRIER. Jeudi!
JEUDI. Présent!
CALENDRIER. Samedi!
SAMEDI. Présent!
CALENDRIER. Dimanche!
JEUDI. Présent!
CALENDRIER. Mais, vous n'êtes que cinq! qu'est-ce qui a répondu pour les absents!
JEUDI. C'est moi, Jeudi; j'ai promis à mes camarades de les remplacer.
CALENDRIER. Toujours celui-là voudrait faire la semaine des quatre jeudis n'est-ce pas!... où est vendredi?... il est allé faire la noce à Robinson.
JEUDI. Vendredi est de service sur terre : il finit l'année 1852.
CALENDRIER. C'est juste... je l'oubliais, et Dimanche.
LUNDI. Absent!

CALENDRIER. Ah! ah! le bonhomme Dimanche se donne des genres d'inexactitude. Il aura affaire à moi, sur le rapport! et vous autres, voyons... quelle tenue... marchez! (Ils marchent.) On n'a jamais pu les assujétir à un uniforme, ils sont tous disparates!

LUNDI. Dame! les jours se suivent et ne se ressemblent pas! A propos d'uniforme, colonel. Je dis que vous vous êtes mis en frais... quel luxe!... quelle belle impression... c'est mieux que les adresses de tailleurs à confection!

SAMEDI. Au moins on peut lire les noms des saints (Il lit.) Austerlitz, Iéna, Marengo, je ne connais pas cette nomenclature-là!.. en voilà une bonne!.. (Il rit.)

CALENDRIER. Qu'est-ce qu'il a à rire ce imbécile de Samedi?

Air du Verre.

Oui, les saints du calendrier
Sont remplacés par les batailles;
Il ne faut pas se récrier
Et je ne veux pas que tu railles.
N'est-ce pas avec le canon
Qu'on remporte mainte victoire?
Tu vois donc bien que j'ai raison
D'avoir canonisé la gloire.

TOUS. Oui, le colonel a raison.

CALENDRIER. Mettez-vous tous sous les armes... songez que le grand Zodiaque, notre souverain, vient vous passer en revue. Il s'agit de le recevoir dignement et avec l'enthousiasme dû à son rang. Je vous préviens seulement que notre puissant monarque est soucieux; tout à l'heure, en me voyant, il m'a fait un signe : ce signe du zodiaque m'a paru sévère, préparons-nous... Eh bien, elles saisons qui ne se dérangent pas! Les saisons sont toujours en retard...... nous avons l'air d'avoir quatre mortes saisons!... Avancez à l'ordre Printemps! l'Été! l'Automne! l'Hiver! (Les quatre saisons paraissent.)

SCÈNE II.

LES MÊMES, LES QUATRE SAISONS.

Air de la Sirène.

Charmantes saisons,
Vers vous nous venons
Et nous apportons
Chacune nos dons.

LE PRINTEMPS.
Moi, le Printemps, j'embaume la verdure,
L'ÉTÉ.
Et moi, l'Été, j'échauffe la nature,
L'AUTOMNE.
Moi, l'Automne, je rends les vignes mûres.
L'HIVER.
Et moi, l'Hiver, je rougis les figures.

REPRISE.

CALENDRIER. Allons, printemps... Parlez le premier, faites votre rapport.

LE PRINTEMPS.

Air : Roger Bontemps.

Quand j'apparais toutes les fleurs écloses
Sur mon chemin se montrent tour à tour;
A moi les jeux, les chansons et les roses
A moi l'espoir, le plaisir et l'amour.
Quand vient l'aurore
Le soleil dore
La fleur qui garde un reste de frimas,
Le zéphir touche
Ma frêle couche
Que l'on retrouve à l'ombre des lilas,

Ma vie est belle,
Chacun m'appelle,
Je sais charmer,
Séduire et faire aimer;
Le Temps me donne
Une couronne
De blancs muguets
Enlacés de bluets.

CALENDRIER. Pas mal; mais tout cela est bien futile, bien crème fouettée.

L'ÉTÉ. C'est vrai ; tandis que moi l'Été,

AIR :

Par les rayons brûlants
De mon soleil d'Asie,
J'anime et vivifie
Les jardins et les champs.
Sillonnant les nuages,
De rapides éclairs,
Je fais gémir les airs
Par mes bruyants orages,
Mon ciel se déchirant
Vient inonder la terre,
Je suis roi du torrent
Et maître du tonnerre!

CALENDRIER. C'est gentil, mais c'est bien bruyant et surtout très-malsain. Et toi, mon cher Automne, tu ne dis rien?

L'AUTOMNE.

Air des Premières armes du diable.

Amis, c'est moi qui suis l'Automne,
Admirez
Les champs où mon soleil rayonne
Et mes prés.
Voyez de mes riches merveilles
Les produits
Je cueille mes grappes vermeilles
Et mes fruits.
A l'avenir que l'on m'appelle
Sans façons
La plus utile et la plus belle
Des saisons.
L'azur de mes cieux
Charme tous les yeux,
Et de ma parure
L'éclat radieux
Semble à la nature
Faire ses adieux.

CALENDRIER. Ce n'est pas mal non plus, mais ce n'est pas encore complet.

L'HIVER. Le capitaine a raison, il n'y a que moi de parfait.

Air : Contredanse de Musard.

Oui, je suis l'Hiver,
Ma présence
Glace d'avance,
Par mon froid intense,
On devient rouge, pâle et vert,
On craint mes frimas
Et sur mon verglas
On marche pas à pas.
Car on peut glisser
Et se renverser
Et très-bas se blesser.
Malgré mes laids brouillards
Et ma pluie et ma neige,
Le dieu des vrais richards
M'appuie et me protège,
Ce dieu qu'on doit bénir,
C'est celui du plaisir.
Bal, spectacle, concert,
Ne brillent qu'en hiver,
Walses et polkas,
Allons votre règne commence,

Vite que l'on danse
Les scotishs et les mazurkas.
Vraiment
C'est charmant,
Oui, c'est palpitant
Et pourtant l'on entend
Retentir dans l'air
Un cri vif et clair
Vive, vive l'Hiver !...

CALENDRIER. Allons, je mettrai sous les yeux de notre monarque le grand Zodiaque, vos qualités et surtout vos prétentions ; peut-être vous donnera-t-il de l'avancement.

MARDI, *accourant.* Voici sa majesté Zodiaque !

LUNDI. Elle est au bout de la voie Lactée... elle est traînée par la grande et par la petite ourse attelées en arbalète... son chariot se dirige de ce côté... Allons au-devant de sa majesté.

CALENDRIER. A vos rangs !... Garde, à vos pelotons !... Par le flanc droit, par file à gauche, pas accéléré ; halte !... A droite alignement !... De la tenue, de la fraîcheur, de la jeunesse ; que l'on ne dise pas de votre capitaine qu'il est le calendrier des vieillards. (*On exécute une petite manœuvre sur un air de pas redoublé ; les mois se trouvent chacun sous les ordres de leurs saisons respectives. On bat aux champs à l'entrée de Zodiaque.*)

CHOEUR.
AIR : *Jocond..*

Chantons tous, vive le grand Zodiaque ;
Oui, fêtons ce roi que nous chérissons,
Il est un peu maniaque,
Mais si jamais on l'attaque,
Bons sujets, toujours nous le défendrons.

ZODIAQUE. C'est bon, c'est bon. (*Il les arrête.*) D'abord, il est vieux comme Hérode, ce chœur que vous me chantez là ; et puis, vous le chantez mal. Demain matin, capitaine Calendrier, vous me ferez donner une leçon à tous ces mois-là... une leçon par Mois... tous les jours .. Il n'y a pas de mal que vous en preniez une aussi, vous.

CALENDRIER. Mais je vous assure que nous le chantons bien ; jugez-en. (*Reprise du chœur.*) Sa majesté est nébuleuse ce matin.

ZODIAQUE. Je sais ce que je veux... Je suis dirai-je embêté ! Je pourrais employer cette expression si je le voulais. J'ai un tas de griefs contre ses sujets, aussi j'aurai beaucoup de sévérité... La première infraction au devoir... immédiatement aux nuages de police.

CALENDRIER. Sire, vos signes vous donnent cependant beaucoup de satisfaction.

ZODIAQUE. Mes signes !... parlons en ; ce sont d'insignes polissons, jugez-en.

AIR *de la Lanterne sourde.*

Mes gémeaux loin de s'accorder,
De vivre en bonne intelligence,
Tous les deux en chien de faïence
Ne cessent de se regarder.
Ma balance est sans mesure
Et n'a plus de poids là haut,
En elle, je vous le jure,
Je ne trouve qu'un fléau.

Mon lion, qui n'est qu'un roquet,
S'est engagé chez monsieur Charles,
Dans le moment où je vous parle,
Il reçoit des coups de fouet.
Plus que jamais l'écrevisse
Conduit l'état à reculons,
En se faisant la tutrice
Des modernes Apollons.
Quant au venimeux scorpion,

Il fait de la basse critique,
Mais pour guérir les gens qu'il pique,
On l'écrase à l'occasion.
Ma vierge, pour une guerre,
Ne vaudrait pas Jeanne d'Arc.
Mon butât de sagittaire
N'a qu'une corde à son arc.
Il n'est pas jusqu'à mes poissons
Qui se lancent dans les affaires,
Et devenant commanditaires,
Ils gobent tous les hameçons.
Mon verseau va sans contrainte
Dans les cafés en flâneur,
Verser et mêler l'absinthe
De chaque consommateur.
Taureau, Capricorne et Bélier,
Vu leur coiffure ont la manie
D'être de cette confrérie.
Qu'on ne peut plus qualifier.

CALENDRIER. Vous auriez dû leur donner leur démission.

ZODIAQUE. Je ne peux pas m'en passer : sans cela, je les balancerais... Voyons un peu, assez causé sur ces drôles... Voilà mes saisons, mes mois et mes jours sous les armes... Jolie tenue. (*Il gratte l'habit de l'Automne.*) Tu as une tache de prune ça ne s'en ira pas facilement : mange donc plus proprement... L'Eté, comme tu es débraillé...

L'ÉTÉ. Dam, j'étouffais.

ZODIAQUE. Printemps, tu es trop à la légère, tu n'es pas assez loin de l'Hiver, qui t'enrhumera. (*A l'Hiver.*) Lâche-le donc un peu... C'est drôle comme l'Hiver a de la peine à quitter le Printemps !... Bonjour, mes jours ; voilà ce coquin de lundi ; tu n'es jamais seul, tu es toujours un jeune homme avec toi..., noceur... fainéant...

AIR *des cinq Codes.*

Lundi, ta paresse me peine,
Au plaisir je te crois enclin.
Tu flânes toute la semaine,
Matin et soir, soir et matin.
Il est permis de se distraire,
Mais tu ne fais rien, cher ami.

LUNDI.

Peut-on dir' que j' ne veux rien faire,
Moi qui fais toujours le lundi ?

ZODIAQUE. C'est un mot, il est très bête, mais à la rigueur c'est un mot. Tu es jovial ; mais les patrons se plaignent de toi ; tu débauches les ouvriers, tu fais le lundi jusqu'après minuit, ce qui nous amène au mardi, et tu es obligé de te reposer tout le mercredi... heureusement que jeudi c'est presque fête... Le vendredi ça porte malheur de travailler, ainsi tu arrives au samedi, qui est jour de paye... Voyons, Lundi, écoute mes remontrances... Ne bois pas tant... Tâche à l'avenir de garder un litre pour t'a soif .. Mais je ne vois pas Vendredi.

MARDI. Il est sur terre à porter des cartes pour la fin de l'année.

ZODIAQUE. Il est donc entré chez Bidault ?

SAMEDI. Sire, me voilà, prêt à le remplacer pour commencer l'année 1853.

ZODIAQUE. Ah ! c'est toi qui commences l'année ! Vas-tu dépenser de l'argent, gredin !

SAMEDI. Mais j'espère bien qu'on m'en donnera aussi.

ZODIAQUE. C'est singulier ! le premier jour de l'an, tout le monde demande de l'argent à tout le monde pour en donner à tout le monde... Mais il me manque quelque chose. Ah ! il me manque mon Dimanche. Et où est Dimanche? Dimanche, mon bonhomme!

TOUS. Absent.

ZODIAQUE. Comment, Dimanche est absent! Corne de taureau! ceci est trop fort! Quand je compte sur lui pour égayer la fête que je veux donner à une charmante petite comète dont je suis fou!

LUNDI. Ah! sire, je ne conçois pas qu'on se commette avec une comète!

ZODIAQUE. J'espère, messieurs, que vous ferez une gracieuse réception à ma favorite...

LUNDI. Je me fleurirai comme au lundi de Pâques.

MARDI. Je me ferai mardi gras pour lui plaire.

MERCREDI. On ne verra pas Mercredi descendre au-dessous des autres.

JEUDI. Je serai gai comme un congé d'écolier.

SAMEDI. Moi, je ferai du sabbat, s'il le faut, foi de Samedi!

ZODIAQUE. Quand à monsieur Dimanche, colonel, qu'on se mette à sa poursuite, qu'on fasse battre tous les nuages, qu'on envoie les gardes célestes, enfin que l'on parcoure tous les chemins atmosphériques... et qu'on le traite comme déserteur si on le rattrape! Qu'on ne le rattrape pas, qu'il soit puni plus sévèrement, vu sa mauvaise volonté.

CALENDRIER. Quatre jours et un caporal...

CHOEUR.

Air du *Domino*.

Cherchons partout... ce monsieur Dimanche
Qui s'est sauvé sans permission,
A le trouver qu'on se démanche,
Qu'il reçoive sa punition!

On court de tous les côtés, Mercredi et Mardi amènent

SCENE III.

LES MÊMES, DIMANCHE.

DIMANCHE, *on le tire*. Ne touchez pas, ne déchirez pas les habits, je tiens à mes effets, je ne veux pas qu'on m'enlève mes effets... Oh! Mercredi! Mardi!... deux camarades qui m'arrêtent... vous êtes donc des *sergents de ciel?*

MARDI. Il n'y a pas d'amis... c'est notre devoir!

DIMANCHE. Mardi, toi, c'est possible; mais Mercredi, un jour comme il faut, un jour d'Opéra!

ZODIAQUE. Qu'on amène ici le délinquant.

CALENDRIER. Cela me fait de la peine de te voir en défaut!... Viens ici, père Dimanche. Tu sais que j'ai un faible pour toi, je te mets en grosses lettres dans mes almanachs...

DIMANCHE. Oh! je sais bien qu'on me fait toutes sortes de cajoleries... mais je ne donne plus dans ces godans-là... Oui, je veux m'affranchir du godant... Qu'est-ce que ça me fait qu'on me mijote, qu'on me dorlote. Tenez, vous êtes tous des... Leroi... Pardon, êtes-vous en séance.

ZODIAQUE. Non; tu peux nous dire ta façon de penser.

DIMANCHE. Bon! Vous êtes des... Pas si bête, une fois en tribunal, vous me repinceriez!... Après ça, ne faisons pas de manières... nous sommes tous de vieilles connaissances... Tu as beau froncer tes sourcils absents, tu es une bonne pâte de souverain, père Zodiaque.

ZODIAQUE. Non; je suis très-méchant.

DIMANCHE. Ce n'est pas vrai; son nez remue quand il dit cela.

ZODIAQUE. Mon nez est un imbécile; il se mêle de ce qui ne le regarde pas.

DIMANCHE. Du moment que votre nez n'est plus l'interprète de vos sentiments, n'en parlons plus. Allons, constituez-vous en juges sévères et impitoyables, formez votre tribunal.

CHOEUR.

Air : *Le Songe*.

Formons un tribunal,
Sévère, impartial,
Que notre jugement
Se fasse noblement
Et carrément.

DIMANCHE. Est-ce fait?

ZODIAQUE. Fais, ah! fait!

DIMANCHE. Je viens me poser en accusé.

ZODIAQUE. Qu'on lui donne un avocat.

LE COLONEL. Attendu...

DIMANCHE. Attendez...

ZODIAQUE. Attendez donc l'accusation.

DIMANCHE. Je ne veux pas! je veux me défendre tout de suite! Voilà, je veux parler tout seul et longtemps; c'est une idée comme une autre, ça... je veux plaider sans qu'on me réplique... Y êtes-vous? allons-y!...

ZODIAQUE. Et carrément. La singularité me plaît... allons, écoutons.

DIMANCHE, *avec véhémence*. De quoi m'accuse-t-on, messeigneurs?

LE COLONEL. Attendu que...

DIMANCHE. Je donne un sommaire... Ce que vous diriez, je le coupe, ça ferait longueur... Oui, je veux me retirer de l'almanach, du calendrier, de la sphère. Voilà ma volonté, mon ultimatum!

ZODIAQUE. Mais, malheureux!...

DIMANCHE. Silence!

CALENDRIER. C'est lui qui impose silence, à présent!

DIMANCHE. A la porte! Je connais vos raisons, elles sont ridicules. Ainsi donc, ce n'est pas la peine de parler. Je sais bien que la semaine ne peut pas se passer de moi; mais je m'en moque. Moi, le jour du repos, je suis sur le flanc, on m'accable de travail. Ce sont donc des fêtes que les tohu-bohus dont on m'éreinte! Je me retire de votre tourbillon.

ZODIAQUE. Mais, misérable! c'est le chaos que tu demandes.

DIMANCHE. Le chaos! va pour le chaos! ça ne changera pas grand'chose à l'état où vous m'avez mis depuis quelque temps.

Air : *Ne raillez pas la garde citoyenne*.

Je ne tiens pas à faire de scandale,
Je ne suis pas grognon, ni tapageur,
Mais cependant, il faut qu'ici j'exhale
Tout ce que j'ai de fiel au fond du cœur.
Je fuis Paris, car j'y perdrais la tête;
A mon pouvoir chacun veut attenter,
Et ce serait à la fin par trop bête,
De se laisser ainsi persécuter!
J'étais jadis comme un Dieu qu'on adore,
Mes serviteurs se poudraient le matin,
Vous me direz que l'on se poudre encore
Par la poussière attrapée en chemin.
Chacun voulait se parer le dimanche,
Mais à présent, on serait bien fâché
Pour moi de mettre une chemise blanche,
De peur d'avoir un air endimanché!
Filles, garçons, dansaient sous la coudrette
On danse encor, mais sur un sol brûlant,
Et maintenant au lieu de la musette,
On a besoin d'un orchestre bruyant.
En méprisant les dons de la nature
Le siècle étale un luxe tout princier,
J'avais jadis des salons de verdure,

Dont le printemps était le tapissier !
On se plaisait sous un épais ombrage ;
Mais aujourd'hui dans les prés Saint-Gervais,
Que trouvez-vous en place de feuillage?
Que trouvez-vous ? répondez... des navets !
On se disait des petits mots candides,
Les mots qu'on dit à présent font rougir,
On s'envoyait des œillades limpides,
Celles qu'on lance à présent font frémir !
Tous les cochers, marauds plein d'impudence,
Me font la loi par mill'e et mille abus,
Je n'ai pas droit à la correspondance,
Si je veux prendre un modeste omnibus !
Pour quelques sous je dînais comme un ange ;
Mais dans ce siècle où tout devient meilleur,
Dans un bouchon, très-cher, hélas ! je mange
Tout aussi mal que chez un grand traiteur !
Dans mes concerts on sable des bouteilles ;
Mais, je me sens dans ce café-concert,
Par les chanteurs écorcher les oreilles,
Et le gosier par le café qu'on sert !
Je n'ai donc plus qu'un bonheur sur la terre,
C'est de régner encor dans le saint lieu,
Ah ! n'allez pas m'enlever la prière !
Car le dimanche est le jour du bon Dieu !

LE COLONEL. Attendu !...

DIMANCHE. Silence, je me résume ; considérant sur tous les points que j'ai raison, archi-raison, je conclus à ce que le tribunal soit condamné *mouvement)* à me rayer du Calendrier et à me donner des dommages et intérêts, c'est jugé !...

ZODIAQUE. Il est délicieux ! il ne nous donne pas le temps de nous défendre.

DIMANCHE. C'est fini, je vous donne vingt-quatre heures pour vous pourvoir.

ZODIAQUE. Me pourvoir !... il me prend au dépourvu !...

CALENDRIER. Est-ce que vous allez vous laisser mystifier ainsi ?

ZODIAQUE. Dame ! j'ai beaucoup de respect pour les choses jugées... Moi, je suis jugé depuis longtemps... voilà pourquoi je me respecte.

CALENDRIER. Mais il n'est pas dans le droit.

ZODIAQUE. Il y sera dans *le Droit* et dans *la Gazette des Tribunaux*, avec cette épigraphe : Le dimanche peut-il s'absenter sans permission du Calendrier et du Zodiaque ?... Oui !...

CALENDRIER. A moi, les saisons, les mois et les jours ! aidez-moi à remonter le moral de votre souverain...

TOUS. Grand Zodiaque, ne laissez pas parler le Dimanche !...

LUNDI. C'est notre jour de repos !...

MARDI. C'est notre jour de recettes !...

MERCREDI. Notre jour de conquêtes !...

JEUDI. Notre jour de plaisir !...

SAMEDI. Notre jour de dépense !...

DIMANCHE. Vous voyez... c'est à n'y pas tenir ! je suis le jour à toute fin ! le jour férié.. que l'on écrase de travail... Je veux m'en aller !...

ZODIAQUE. Ne t'en va pas... je te ferai faire des crêpes.

DIMANCHE. Arrière, tentateur... je file.

ZODIAQUE. Eh bien, tant pis ! je te fais arrêter.... qu'on le saisisse vivant. *(On va vers lui.)*

DIMANCHE. Ah ! je vendrai chèrement ma liberté !... je me rends... Je demande à faire une transaction.

ZODIAQUE. Laquelle ?..

DIMANCHE. Je ne sais pas... voyons nos propositions... je verrai si elles sont acceptables.

ZODIAQUE. Ecoute, mon bonhomme.

DIMANCHE. Je vous passe ce mot familier, parce qu'il plaît... le bonhomme Dimanche ! C'est un titre... Continuez.

ZODIAQUE. Pendant que nous jabotons et que nous disons des choses à peu près inutiles... Vendredi va son train... il va terminer son petit 1852. Samedi est tout astiqué pour aller commencer 1853. Descendons ensemble, bras dessus, bras dessous, comme une paire d'amis.

DIMANCHE. Je ne m'amuserai pas beaucoup dans votre société.

ZODIAQUE. Si, je t'assure ; je te dirai des calembours de temps en temps.

DIMANCHE. Ne vous en avisez pas, où je vous plante là.

ZODIAQUE. Je te conduis à Paris, je te mène partout, dans les bals, les spectacles, les cafés... Nous verrons toutes les curiosités ou prétendues telles, les nouvelles inventions soi-disant, et je verrai bien par moi-même si tu as raison de donner ta démission, si réellement le monde est si mal tourné que tu le dis.

DIMANCHE. Ça va... et si j'ai raison... ratifierez-vous mon jugement?

ZODIAQUE. Parbleu ! Tu ne peux pas avoir raison sans jugement.

DIMANCHE. Il abuse de son rang !... je commettrais avec plaisir une lèse-zodiaque !... *(On entend sonner les trois quarts.)*

CALENDRIER. Minuit moins un quart, la nouvelle année va se mettre en marche. *(Samedi se prépare et Janvier aussi.)*

DIMANCHE. J'entreprends une rude tâche ! Avec la permission du grand Zodiaque, je voudrais bien dire un mot à ces douze gentlemen... Vous excuserez ma brusque franchise.

Air *de Briesal*.

En m'en allant, je crois très-nécessaire
De vous donner quelques petits avis
Et vous n'aurez nuls regrets, je l'espère,
Dans l'avenir de les avoir suivis.
Mon cher Janvier, de la première place
Sois toujours fier, et surtout ne va pas
Quand de par toi tout le monde s'embrasse,
Trop prodiguer les baisers de Judas.
Toi, Février, de tes brumes chagrines
Calme l'effet pendant le carnaval,
Et prends pitié de ces blanches poitrines,
Que le plaisir fait palpiter au bal.
Belliqueux Mars, gare à tes giboulées,
Détourne-les de nos frêles bourgeons,
Vignes, moissons, succombent désolées
Sous la fureur de tes maudits grelons.
Avril, tu viens comme Mars en carême,
D'un beau soleil donne-nous les faveurs,
Et ne sois pas fantasque par système ;
Ne gèle pas tes lilas et tes fleurs.
Quant à toi, Mai, je veux que tu recueilles
Les compliments qu'on doit à ta vertu,
Car chacun dit, en regrettant tes feuilles :
Joli mois de Mai, quand reviendras-tu ?
Aimable Juin, fait mûrir nos cerises,
Des espaliers dore les abricots,
Apporte-nous prunes, pêches exquises,
Tu sais qu'on aime ici bas les noyaux,
Que la chaleur, ô Juillet, se tempère,
Fais-nous suer le moins qu'il se pourra,
Va, nous avons assez de gens sur terre
Dont les discours nous font cet effet-là.
Toi, noble Août, lève bien haut la tête
Du grand Auguste on t'a donné le nom,
Et dans ton sein règne la double fête
Et de Marie et de Napoléon !
Septembre, il faut de joyeuses vacances ;

Ces plaisirs purs de nos bons écoliers,
Ne sont-ils pas les douces récompenses
Que nous devons à leurs jeunes lauriers.
Tu me plais fort, gros réjoui d'Octobre,
A vendanger ne mets aucuns retards ;
Quoique par goût je sois frugal et sobre,
Je ne hais pas ce mois cher aux pochards.
Ne sois pas froid trop vite, ami Novembre,
Que ton été, dit de la Saint-Martin,
Réchauffe un peu dans sa modeste chambre
Le malheureux qui n'a ni bois, ni pain.
Décembre, toi le bon mois des aubaines,
Ne brouille pas amants, maître, portier,
N'empèche pas de donner des étrennes,
Lorsque revient le beau mois de Janvier!

ZODIAQUE. Nous n'avons plus que cinq minutes... allons, bonhomme Dimanche, en marche! Et vous, capitaine, commandez la manœuvre!

CALENDRIER. Colonne en avant...Guide à droite... Tête de colonne à gauche... arche!... (*L'armée se met en marche. Le rideau baisse.*)

ACTE I.
Deuxième Tableau.

L'officine du Journal le Dimanche.

Le théâtre représente une officine bizarrement meublée, alembics, cornues, ustensiles de distillation. Au lever du rideau, la Caricature est debout un fouet à la main, examinant le travail des trois Crayons occupés à dessiner.

SCÈNE PREMIÈRE.
LA CARICATURE, TROIS CRAYONS.

ENSEMBLE.
Air : *Ainsi donc c'est convenu*.
Inventons et dessinons,
Illustrons et critiquons,
Pour chacun vite employons
Tout l'esprit de nos crayons.
Travaillons habilement ;
Avant une heure vraiment
Nous gagnerons lestement
Le prix de l'abonnement.

LA CARICATURE, *faisant claquer son fouet*. Du courage, mes amis, et des coups de fouet, surtout ! Songez que vous êtes mes premiers ministres, vous, les Crayons de la Caricature.

1ᵉʳ CRAYON. Le fait est que vous me donnez une rude besogne, mais, Crayon à dessein... de vous servir!...

LA CARICATURE. Aussi, je peux dire que tu portes, Crayon... tout le poids du travail ; mais il faut rester à la hauteur de ton siècle, et soutenir la concurrence. (*Aux Crayons.*) Croquez, croquez, Crayons! Et, grâce à vous, les hommes et les choses sortiront de leur obscurité.

Air *de Renaudin de Caen*.
On peut dire que sous mes lois
La France a retrouvé son lustre,
Je sais créer un homme illustre
Sur pierre, sur cuivre ou sur bois.
Les comédiens et les actrices
Veulent passer par mon crayon.
A tous ces rois de nos coulisses
Mon journal façonne un blason.
Charge, silhouette, profil,
Homme vivant, homme posthume,
Tous chez moi, trouvent un costume
Et pour le coudre j'ai le fil.

A peindre un arlequin j'excelle,
J'attrape le pierrot benêt,
Et plus d'un gros polichinelle
Dans mes croquis se reconnaît.
La Caricature ici-bas
Sème la gaîté, le comique
Qu'elle soit ou non politique,
Elle mord, mais on n'en meurt pas.
Oui, grâce à la Caricature,
Vanité, sottise ou talents,
Sont reproduits d'après nature
Et mes portraits sont ressemblants.
On peut dire que sous mes lois. Etc.

CRAYON. Avec tout ça, notre numéro n'est pas complet.

LA CARICATURE. Attends un peu. Je vais me mettre à mon observatoire et plonger mes regards sur les boulevards, la Bourse, les passages, et j'aurai bien peu de chance, si je n'y découvre pas de quoi terminer mon numéro ; j'ai la vue courte.

CRAYON, *lui donnant une énorme longue-vue*. Alors voilà une longue-vue.

LA CARICATURE. Merci, bel écuyer. (*Crayon ouvre la fenêtre, puis s'agenouille devant la Caricature qui pose sa longue-vue sur son épaule.*)

CRAYON. Anne, ma sœur Anne, ne vois-tu rien venir.

LA CARICATURE. Ne bouge pas ! voilà deux messieurs qui sortent de la Bourse, ils ont l'air bien honnête.

CRAYON. C'est étonnant.

LA CARICATURE. Minute ! l'on escamote la montre de l'un, qui emprunte le portefeuille de l'autre, ça se voit tous les jours !

CRAYON. Il n'y a donc rien de nouveau sur la terre ?

LA CARICATURE. Cherchons en l'air... (*Elle s'agenouille à son tour et Crayon se lève, de sorte que la Caricature regarde de bas en haut. L'orchestre commence à jouer en sourdine.*) Ah ! mon Dieu !

CRAYON. Qu'est-ce donc?

LA CARICATURE. J'ai vu tomber un gros objet.

CRAYON. D'un sixième ?

LA CARICATURE. De plus haut que cela ! (*Il quitte la longue-vue et regarde par la croisée.*) C'est une visite pour nous... Des abonnés sans doute.

ENSEMBLE.
Air *de la petite tante Loriot*.
Que nous veut-on ?
D'où nous vient donc
Cet abonné d'un nouveau ton
Venant des nues ?
De la lune est-ce un habitant
Qui pour l'instant
Voudrait changer de logement?

SCÈNE II.
LES MÊMES, DIMANCHE, ZODIAQUE, *entr'ouvrant la porte*.

DIMANCHE, *à Zodiaque*. Je vous demande un journal, et vous me conduisez chez un apothicaire... Ah! sire, vous voulez me faire aller là...

ZODIAQUE. Corne-de-bœuf! j'ai pourtant vu au-dessus de la porte : Journal quotidien.

DIMANCHE. Paraissant toutes les semaines, ce serait mon affaire !

LA CARICATURE. Un journal ! vous demandez un journal?... lequel ?

DIMANCHE, *s'avançant*. Le Dimanche ! (*Criant.*) Le Journal du Dimanche, s'il vous plaît ?

LE BONHOMME DIMANCHE.

LA CARICATURE. C'est ici que le Journal du Dimanche aurait paru... s'il eût paru...

ZODIAQUE. Mais il paraît...

LA CARICATURE. Il paraît... qu'il ne paraît pas!... C'est égal... nous avons ici deux journaux, choisissez...

DIMANCHE. Donnez-moi celui où il y a le plus de papier.

LA CARICATURE. Et en attendant, si vous désirez vous asseoir...

DIMANCHE, *voyant l'absence de chaise.* Merci, je préfère rester debout.

LA CARICATURE. Qui êtes-vous, messieurs?

DIMANCHE. Je suis le bonhomme Dimanche, et je vous présente sa majesté Zodiaque. Saluez, Sire, c'est l'usage. (*A la Caricature.*) Nous venons à Paris pour voir toutes les prétendues merveilles de l'an qui vient de s'écouler... Et puisque votre journal qui devait nous renseigner ne paraît pas, vous seriez bien bonne de nous accompagner.

LA CARICATURE. A quoi bon! vous êtes déjà deux!

ZODIAQUE. C'est ce que je disais à Dimanche, on n'est bien qu'à deux; mais lui voulait soutenir qu'on était mieux à trois.

DIMANCHE. Et je le soutiens encore!... la preuve...

ZODIAQUE. Laisse-moi donner mes raisons d'abord... Je suis ton maître, tu me dois le respect. (*A la Caricature.*) Écoutez un peu ça.

Air : Maman, les p'tits bateaux.

Je prétends et je veux
Pour vivre en paix sur cette boule,
Pour traverser la foule
Pouvoir toujours marcher par deux.
    Aussi pauvres et gueux
Pour avoir bien-être et richesse,
Pour narguer la vieillesse,
Croyez-moi, servez-vous du deux!
    La preuve que le deux
Est un nombre fort sage,
C'est qu'à chacun en partage
A deux jambes, deux yeux,
Deux pieds, deux mains, deux bras,
Deux sourcils, et je gage
Que bientôt ici-bas
Deux nez ne nuiront pas!
Ceux qu'on nomme jumeaux
Dans ce monde arrivent par paires;
Deux voix sont nécessaires
Pour exécuter des duos.
    Pollux avec Castor,
Ces amis que chacun vénère,
Réunissant leur sort
Jadis par deux marchaient encor.
    Taureau petit ou grand
Béliers, chèvres, gazelles,
Ont deux cornes. Souvent
Maris en ont autant.
    Oiseaux et papillons
Possèdent tous deux ailes.
Les anciens pantalons
Avaient aussi deux ponts.
    L'homme par trop gourmand
A deux mentons prouvant son vice,
Enfin chaque nourrice
A deux... pour allaiter l'enfant.
    Un couplet chaleureux
Vous dit, dans un charmant ouvrage
Que pour le labourage
Les bœufs vont bien mieux deux à deux!
Pour qu'ils vivent heureux!

Quand Dieu créa la terre
Adam, le premier père,
Et sa femme étaient deux!
    Ce repos délicieux
Que chaque amant espère,
Tête-à-tête amoureux,
Tu n'es joli qu'à deux.
    Votre valse à deux temps,
Plus que l'ancienne est en usage,
Dans l'argent je prétends
Que quarante sous font deux francs.
    Pour parer des cheveux
Ou pour enrichir un corsage
Les tulles par trop vieux
Sont remplacés par l'entre-deux.
    Cachés même à nos yeux
Le bon, le mauvais ange,
Toujours à qui mieux mieux,
Nous suivent tous les deux!
    Voyez : monsieur Mayeux,
Son sort jamais ne change;
Qu'il soit fou, qu'il se range
Ses bosses vont par deux.
    La preuve que le deux
De tous les chiffres tient la tête
C'est que pour l'omelette
On ne peut pas se passer d'œufs.
    Aussi, mon cher je veux,
Pour vivre en paix sur cette boule,
Pour traverser la foule,
Pouvoir toujours marcher par deux.

DIMANCHE. Eh bien! moi, je dis qu'on doit marcher par trois! C'est une idée que j'ai depuis ma naissance. Je suis venu au monde le trois, j'ai eu pour parrains trois signes du zodiaque... Enfin, j'aime le trois, parce que toutes les belles choses vont par trois!...

ZODIAQUE, *criant.* Par deux!

DIMANCHE. Sire, vous me vexez toujours, et ça me contrarie! Mais je vais prouver à mon tour que j'ai raison! (*A la Caricature.*) Écoutez un peu ça!

Même air.

Je soutiens et je crois
Que pour être heureux sur la terre,
Pour narguer la misère
Il faut toujours compter par trois!
    La preuve que le trois
Est le seul bon chiffre en ce monde
C'est que tous à la ronde,
Nous l'employons plus de cent fois!
    Avec trois rois, trois as,
Chaque brelan s'opère.
Les grands vaisseaux de guerre
Ont trois ponts et trois mâts.
    Les saisons, je le vois,
Restent trois mois sur terre.
Mon terme, que je dois,
Revient tous les trois mois.
    Si de porter son nom,
Un jour on ne sent plus digne,
Trois étoiles en ligne
Vous servent alors de surnom.
    Les grâces autrefois,
Sans aucunes feuilles de vigne,
Ont bien suivi ces lois,
Car les grâces n'étaient que trois.
    Du ciel, quand disparaît
La tempête et l'orage,
L'arc-en-ciel paraît, fait
D'un triple ton parfait.
    Loin de ce monde envieux,
Cadet Roussel en sage,

Vécut toujours heureux,
Avec ses trois cheveux,
Trépieds, petits et grands,
Ont tous trois pieds, c'est fort logique.
La valse germanique
Est encor la valse à trois temps.
Dans l'enfer à son tour,
Ce gros chien qu'on nomme Cerbère,
A reçu de sa mère
Trois têtes en venant au jour.
Chez les Romains, j'en vois,
Qu'on nomme les Horaces,
D'autres les Curiaces,
Combien étaient-ils ?... trois !
Pressé loin de chez vous
Par un d'ces riens tenaces,
Loin des regards jaloux
Vous dépensez trois sous !
Les Parques d'autrefois
Etaient trois gaillardes sévères,
Et j'ai même cent fois
Fait plus d'une règle de trois.
Depuis longtemps je vois,
D'un grand auteur, les mousquetaires.
Pour faire leurs exploits,
Quoique quatre... n'étaient que trois !
Neptune du trident
Pour prouver la puissance,
Montre cet instrument,
Fier de sa triple dent.
Au théâtre chez nous,
Quand la pièce commence,
Le régisseur s'avance
Et frappe les trois coups
Pour essuyer ses pleurs.
L'étendard que la France arbore,
Le drapeau tricolore
Est aussi fait des trois couleurs.
Par ces raisons, je crois
Que pour être heureux sur la terre
Pour narguer la misère
Il faut toujours compter par trois.

(*A Zodiaque.*) Sire, je vous donne trois minutes pour vous avouer vaincu.

ZODIAQUE. Et moi, je vais te donner deux coups de pied devant tout le monde, excepté devant toi !

LA CARICATURE. Calmez-vous ! nous n'avons pas besoin d'être deux ou trois, ni d'aller chevaucher par la ville pour voir les découvertes de l'année ; tu trouveras dans mon officine toutes sortes d'inventions qui accourent ici pour obtenir de la publicité.

DIMANCHE. A quoi diable employez-vous ces alambics et ces cornues ? J'ai connu bien des cornus, mais pas de cette espèce là !

LA CARICATURE. Ces alambics et ces cornues servent à distiller l'esprit dans toute sa quintessence. Veux-tu en avoir la preuve ? Regarde, et tu verras la méthode que j'emploie. (*Elle se dirige vers un gros alambic.*) Attention ! et ne prononcez pas un mot.

CHOEUR.

AIR : *C'est une autre déesse* (féerie).

Ici faisons
Ici faites silence.
Suivons-la
Suivez-moi du regard !...
Car avec ma science.
Elle va
Oui, je vais sans retard
Opérer un prodige
Un prodige étonnant !...
Vraiment mon sang se fige,

Ça doit être effrayant !
Oui, c'est très-effrayant !

LA CARICATURE, *prenant des livres qu'elle jette dans l'alambic.*

Que la pensée ici daigne descendre,
Dérobons-en la fleur dans chaque écrit,
Comme un phénix qui renaît de sa cendre,
L'esprit soudain fera naître l'esprit !

(*Parlé.*) Je jette deux grammes d'indépendance, une once de sel attique, la plume de Byron, deux pétales de la pervenche de Rousseau, la pomme de la canne de Balzac... une demi-once de modestie .. Non, ça n'est pas la peine, l'esprit n'en use pas (exécution à mesure). Je remue bien le tout, je l'arrose de quelques gouttes d'esprit-de-vin .. et le tour est fait. (*L'Esprit flambe.*) Paraissez, l'Esprit.

L'ESPRIT. Me voilà !

AIR : *Prêt à partir.*

Quand on m'appelle, aussitôt moi j'arrive,
En un clin d'œil mon essence jaillit ;
Comme un éclair le talent me ravive,
Inclinez-vous, c'est moi qui suis l'Esprit !

ZODIAQUE. Voilà ce qu'on peut appeler un bel esprit. (*Galamment.*) En vous voyant, je comprends l'esprit de corps, et si j'osais, je vous adresserais...

L'ESPRIT. Des compliments... j'y suis habitué.

ZODIAQUE. Non, je vous adresserais une question, une seule question.

L'ESPRIT. Alors, ce serait deux. Les hommes ne disent jamais que la moitié de ce qu'ils pensent ! Mais parle toujours.

ZODIAQUE. Savez-vous quelque chose de neuf ?

L'ESPRIT. L'Esprit a toujours du neuf, quoiqu'il n'y ait plus d'Esprits neufs... Mais je glane dans tous les champs de la science et de l'intelligence, et j'y récolte mes provisions.

ZODIAQUE. Ah ! il paraît que vous n'avez pas vos mains dans vos poches !...

L'ESPRIT M'accuserais-tu de les avoir dans celles des autres ?

DIMANCHE. Allons donc ! Vous avez trop l'esprit de conduite pour cela ! Mais c'est que vous savez, à Paris, on fait...

L'ESPRIT. Beaucoup de mal et fort peu de bien, je le sais.

AIR : *Oui, le bon sens.*

Oui, ce Paris, qu'on admire et qu'on aime,
Par l'étranger et par nous est vanté,
Et cependant il a perdu lui-même
Plus d'un reflet de sa célébrité !
Lui qui devrait être le roi du monde,
Et par chacun pour modèle être pris,
Plus d'un voleur le dévaste à la ronde
Et sans pudeur, ose exploiter Paris.
Lorsque Rousseau dans sa mâle éloquence,
Disait : la France et le berceau des arts.
C'était trop vrai, car les beaux-arts en France,
Dans leur berceau dorment de toutes parts.
C'est à Paris qu'autrefois la peinture
Savait créer des chefs-d'œuvre nouveaux ;
Mais aujourd'hui c'est la caricature
Qui prend partout la place des tableaux !

LA CARICATURE. Ah ! mais, dites donc, monsieur l'Esprit.

L'ESPRIT. Chut ! ne m'interrompez pas.

Suite de l'air.

La poésie en courant par la ville
Epouse le flon-flon du cabaret,
Et pour enfant, ils ont le vaudeville.
La poésie est réduite au couplet,

Le romantisme a déchiré son voile :
Foulant aux pieds le bon goût, la gaîté,
On vend sa prose, ainsi qu'on vend la toile
Au mètre... à tant... suivant la qualité !
Privé trop tôt d'illustres interprètes,
L'art du sculpteur s'est éteint parmi nous,
Et Phidias ferait des statuettes
Que dans la rue on vendrait pour dix sous.
Un nom restait, la France en était fière ;
Mais de la mort respectons les arrêts ;
Pauvre Pradier, va retrouver Molière
Dont ton ciseau reproduisit les traits.

DIMANCHE. C'est égal, je vous aime tel que vous êtes, et si jamais on voulait vous chasser de France, je serais votre défenseur.

L'ESPRIT. Me chasser, dis-tu ? Mais qui l'oserait ?

Air du *Luth galant.*

Cette peur-à, chez moi n'a pas d'accès,
Peut-on chasser l'auteur de ses succès ?
Je suis pour le Français un doux vin qui l'enivre,
Je suis son étendard, partout il doit me suivre,
Sans l'esprit, les Français ne pourraient pas plus vivre
Que l'esprit ne pourrait vivre sans les Français !

LA CARICATURE. Eh ! mais c'est de l'esprit de flatterie !

L'ESPRIT. Est-ce qu'on n'est pas toujours flatté d'avoir de l'esprit ?

ZODIAQUE. Ah ! vous cultivez aussi le jeu de mots !... le calembour, peut-être ?

L'ESPRIT. Le calembour ! Allons donc ! C'est l'esprit de ceux qui n'en ont pas.

LA CARICATURE. Il me rend pourtant des services, et quand je ne suis pas en verve, je le fais paraître.

ZODIAQUE. Et comment vous y prenez-vous pour ça ?

LA CARICATURE. C'est bien simple. Le calembour est lourd et indigeste... Pour le produire, je n'ai qu'à prendre toutes les vieilleries remises à neuf... les brioches et les boulettes de l'année, les almanachs prétendus drôlatiques, une blague de commis-voyageur... deux kilos d'aplomb... la casquette d'un rapin... une once de bon sens !...

L'ESPRIT, *l'arrêtant.* Ça n'est pas la peine, il n'en use pas !...

LA CARICATURE. Enfin, le lait du macadam...

L'ESPRIT. Qui éclabousse tout le monde comme le calembour !...

LA CARICATURE. Je jette tout dans un mortier, et le tour est fait... Paraissez, le Calembour !

SCÈNE III.

LES MÊMES, LE CALEMBOUR.

LE CALEMBOUR, *debout sur le mortier.* Le Calembour demandé.. Demandez le Calembour !... Voilà le Calembour en chair et en os... (*S'essuyant le front.*) En eau, surtout.

ZODIAQUE. Ah çà ! comment se fait-il que vous sortiez d'un mortier ?

LE CALEMBOUR. C'est aussi simple... que vous, mon bonhomme. (*Il lui tape sur le ventre.*)

ZODIAQUE. Pardon !

LE CALEMBOUR. *Pars donc !...* Vous me dites de partir... Vous me faites l'effet d'un morceau d'acier... brut...

ZODIAQUE. Pourquoi donc ça ?

LE CALEMBOUR. Parce que l'acier brut n'est pas poli... et que vous ne l'êtes pas, poli.

DIMANCHE. Qu'en dit la Caricature ?

LA CARICATURE. Moi, j'écoute. Avec une demi-heure de sa conversation, je suffis aux jeux de mots de mon journal pendant tout un mois.

L'ESPRIT. Vous n'abandonnez donc jamais le calembour aux loustics de table d'hôte ?

DIMANCHE. Un de temps en temps, ça fait rire !

LE CALEMBOUR. À propos, aimez-vous les raouts ?

ZODIAQUE. Oui, les routes départementales.

LE CALEMBOUR. Ah ! vous en faites aussi ! alors vous viendrez à mon raout... que je vais donner dans mon nouveau local.

L'ESPRIT. Rue des Mauvaises-Paroles, sans doute ?

LE CALEMBOUR

Air *des Cancans (Lithographie)*

Pour pendre une crémaillère,
De chaque profession
J'aurai chez moi, je l'espère,
Une députation !
Cett' bonn' pât' de boulanger
Chez moi veut bien v'nir manger,
Quoiqu'il geign' depuis c' matin,
Parc' qu'il est dans *le pétrin !*
Sur l' vitr'er je n' compt' guère,
Il a son rhum' de cerveau
Et cet homme *persévère*
A rester sur *le carreau.*
J'avais dessein de prier
Mon voisin le charbonnier,
Mais je ne veux plus le voir
Car c'est un homme *trop noir.*
Je suis sûr de la présence
De mon ami le boucher,
Quand il s'agit d' *réjouissance,*
On n' le voit jamais broncher.
Sans craindre le dérang'ment
L'horloger aim' *le mouvement,*
L' menuisier refus', ça m' plaît,
Ce cancannier me *nuisait.*
Le mari de la charcutière
M'a dit pour sûr nous viendrons,
Avec mon fils et mon frère,
Tant mieux ! ce sont des *gens bons !*
L'employé du Mont-d'-Piété
Avec son air *emprunté*
Dit que voulant se ranger
Il aim' mieux *se dégager.*
Le dentiste est trop sans gêne
Je n' veux pas qu'y m' mett' *de dent.*
Et l' marchand d' porcelaine
En *défaillanc'* tomb' souvent,
Le coutelier d'un ton *tranchant*
M'a dit d' l' prendre en r'passant.
Quant au pauvre maréchal,
Il souffre d'un' fièvr' *de cheval.*
Le distillateur accepte,
Nous aurons d' *l'esprit* nouveau.
Le faïencier est inepte,
Ayant un' *maladi' d' peau.*
Le tourneur, comm' l'aut're jour,
Va me jouer *un mauvais tour.*
Le tonnelier va partout,
Les cercles sont de son goût.
Le garçon apothicaire,
Se met toujours en avant,
Et puis il reste *en arrière*
Quand arriv' le bon moment !

Vous voyez que suis en état, et que personne n'ose s'attaquer à moi.

L'ESPRIT. Parce qu'on ne s'attaque qu'aux riches, et que chez toi il n'y a rien à prendre !

LE CALEMBOUR, *vexé.* Si fait ! je prends la mouche !

L'ESPRIT, *marchant sur lui.* C'est donc pour cela que tu bourdonnes à mes oreilles ?

LE CALEMBOUR, *reculant toujours vers le mortier,*

Ah! mais! ah! mais! je ne sais ce qui se passe en moi, mais je ne trouve plus rien à vous répliquer, et je pourrais bien vous dire des sottises.

L'ESPRIT, *marchant toujours sur lui.* La sottise doit toujours marcher à ta suite.

LE CALEMBOUR. Ah çà, mais, je deviens imbécile... Quoi! je ne dénicherai pas un pauvre petit calembour!... Pitié!... je m'enfonce!

ZODIAQUE. Il s'enfonce? Je ne comprends pas celui-là!

L'ESPRIT, *lui tapant sur la tête.* Il y a longtemps que tu es enfoncé. (*Le Calembour disparaît sous terre.*)

DIMANCHE. Enfin, il est parti! (*A la Caricature.*) Quelle différence...

L'ESPRIT. Comment! toi aussi?

DIMANCHE. Non! je dis: Quelle différence! A présent j'ai quatre cents kilos de moins sur l'estomac!

L'ESPRIT. C'est qu'ainsi que le disait la Caricature : Le Calembour est lourd et indigeste.

Air : *La treille de sincérité.*
Ayons tous l'esprit en France,
Et sans faire les esprits forts,
Ayons l'esprit de convenance
Ayons aussi l'esprit de corps!
Mettons le bel esprit dehors!
L'esprit d'à-propos vient ensuite,
Car à tout il donne du prix;
Pensons à l'esprit de conduite,
Car c'est le premier des esprits.

(*Trémolo à l'orchestre, la Crèche entre.*)

SCÈNE IV.
LES MÊMES, LA CRÈCHE.

LA CRÈCHE, *continuant l'air.*
Il est un esprit qui mérite
Par dessus tout d'être cité,
Et c'est l'esprit de charité!

TOUS.
Oui, c'est l'esprit de charité!

ZODIAQUE. Ah! c'est la Charité!... Qu'est-ce qui la demande? Personne ne demande la Charité ici!

LA CRÈCHE. Excepté moi, monsieur, qui ne crains pas de m'humilier en demandant l'aumône aux âmes compatissantes, pour mes petits enfants...

ZODIAQUE. Comment, des petits-enfants. Vous êtes grand'mère?

L'ESPRIT. La Crèche est la mère de tous les petits enfants qu'on vient lui confier.

DIMANCHE. Je suis fâché de ne pas en avoir... mais on peut y songer... Donnez-nous un aperçu de la manière dont vous les traitez, car enfin, si je me donne la peine d'être père, je suis bien aise de savoir... Je payerai ce qu'il faudra.

LA CRÈCHE. Vous vous trompez, monsieur, nous ne sommes pas des mercenaires; notre nom doit vous indiquer que notre asile est presque gratuit. Ne tremblez plus, pauvres ouvrières, pour ces petits êtres que vous étiez obligées de laisser seuls dans des chambres sans feu, et n'ayant pour répondre à leurs cris que le triste écho des murailles froides et dépouillées. Travaillez sans crainte et sans relâche. Pendant que vous gagnez le pain du lendemain, vos enfants trouvent des mains attentives pour les envelopper dans leurs langes, et un cœur pour apaiser et tarir leurs larmes.

DIMANCHE. Ça doit vous donner beaucoup de peine... et on ne vous donne pas d'appointements?

LA CRÈCHE. Pardonnez-moi!

Air *de Madame Duchampge.*
De l'abandon en préservant l'enfance,
Nous remplissons les vœux du Créateur,
Et nous avons toujours la récompense
De nos bons soins, au fond de notre cœur!
Leur amitié seule doit nous suffire;
Car nous cédant si jeunes vos enfants,
Vous nous donnez moitié de leur sourire,
Et la moitié de leurs embrassements.
Nous partageons tous leurs embrassements.

DIMANCHE. Elle m'attendrit, cette petite!
ZODIAQUE. J'y vais de ma larme, moi.
DIMANCHE. Il s'agit d'y aller de sa bourse!
L'ESPRIT. Et de son cœur.
ZODIAQUE Je suis bien fâché d'avoir acheté du flan ce matin! (*La Crèche quête.*)

DIMANCHE.
Air : *L'aveugle de Bagnolet.*
Allons, fouillons tous à la poche,
Sachons la vider sans regrets,
Afin d'augmenter sa sacoche;
L'argent que l'on place en bienfaits
Rapporte de gros intérêts.
Avec la Crèche qui demande,
Il ne faut pas que l'on marchande!
Ah! donnons, mes amis, donnons,
C'est Dieu qui reçoit notre offrande.
Ah! donnons, mes amis, donnons;
Le ciel enregistre ces dons!

L'ESPRIT. Tenez, voilà le prix de deux feuilletons interminables, que je terminerai, que j'achèverai pour l'amour de vous.
LA CRÈCHE. Merci!
DIMANCHE. Tenez, voilà un bon sur les recettes des plaisirs du dimanche.
ZODIAQUE. Mon Dieu! que je suis donc vexé d'avoir acheté du flan!... Ah! voilà ma bassinoire. (*Il tire sa montre.*) Elle servira à chauffer les lits de vos petits moutards!

TOUS.
Ah! donnons, mes amis, donnons,
C'est Dieu qui reçoit notre offrande.
Ah! donnons, mes amis, donnons,
Le ciel enregistre nos dons!
(*La Crèche sort.*)

SCÈNE V.
LES MÊMES, *moins* LA CRÈCHE.

DIMANCHE. Bonne fille, va! (*Il lui envoie des baisers.*)

L'ESPRIT. Elle ne t'a pas tout dit encore... elle ne t'a pas parlé de l'asile qui continue la bonne œuvre qu'elle a commencée, car en sortant de la crèche, les enfants peuvent entrer aux asiles, et plus tard ils font de bons ouvriers, d'honnêtes commerçants, de braves soldats.

DIMANCHE. Je suis ému, donnez-lui un mot spirituel pour exprimer son attendrissement.

L'ESPRIT. C'est inutile, un bon mouvement vaut mieux qu'un mauvais mot... Et maintenant au revoir!

DIMANCHE. Vous nous quittez!... Je vais perdre l'Esprit!

L'ESPRIT. Ne crains rien... Je vais aider la Crèche dans son œuvre de charité. Tu me retrouveras partout!... L'Esprit est la plus grande chose qui tient la plus petite place. (*Il disparaît.*)

ZODIAQUE. Voilà l'Esprit évaporé... Est-ce que nous n'allons plus avoir d'Esprit pendant le reste de notre voyage?

DIMANCHE. Soyez tranquille, les Esprits reviennent toujours... Celui-là est parti en course. C'est un Esprit aventureux. (*On entend crier.*)

LA CARICATURE, *allant regarder au fond.* Qui vient là ?

SCÈNE VI.
LES MÊMES, LE PONT-NEUF.

LE PONT-NEUF. Ventre-saint-gris, on m'a dit qu'on faisait ici des caricatures sur moi, le Pont-Neuf, et j'accours réclamer ; je suis assez connu comme ça.

AIR : *La bonne aventure, ô gai !*

Noé possède un grand nom
Comme humanitaire,
Sans lui se noyait, dit-on,
La nature entière.
Mais Noé, mes bons amis,
N'avait qu'une arch', j'en ai dix !
Plus que lui, ventre saint-gris !
J' suis connu sur terre,
Je suis populaire.

DIMANCHE. J'aurais dû vous reconnaître à votre ventre... Saint-Gris.

LE PONT-NEUF. C'était le juron de mon patron Henri IV, et je l'ai conservé.

DIMANCHE. Comment se fait-il que vous ayez les pieds hors du lit de madame la Seine, votre épouse ?

LE PONT-NEUF. Je ne me portais plus comme le Pont-Neuf... mon ventre était enflé... on a cru nécessaire de me revêtir d'un paletot de pierre de taille et de me flanquer de nouvelles piles pour me remettre.

ZODIAQUE. Comment, le Pont-Neuf ?... je croyais que vous n'existiez plus.

LE PONT-NEUF. Pourquoi ça ?

ZODIAQUE. Dame ! j'ai rencontré un de mes amis qui venait de la Vallée.

DIMANCHE. Avaler le Pont-Neuf.

ZODIAQUE. Mais non, du marché de la Vallée, et qui avait vu les maçons le démolir.

LE PONT-NEUF. Que veux-tu ! je m'exprime franchement, moi, comme un bon vieillard.. Ah ! c'est que je suis bien usé ! J'ai été bâti par Henri III.

DIMANCHE. C'est donc pour ça qu'on a mis la statue d'Henri IV sur votre dos ?

LE PONT-NEUF. C'est exactement pour la même raison que je suis devenu vieux, sale et délabré, on m'a appelé le Pont-Neuf !... Et maintenant je visite mon vieux Paris qu'on a bien embelli, mes jardins, les Tuileries entre autres, où l'on peut se promener à la brune...

ZODIAQUE. Avec une blonde.

AIR *du premier Paris.*

Dans le jardin des Tuileries
Le promeneur se trouve heureux,
C'est très-propice aux rêveries,
Aux rendez-vous des amoureux !
Mais l'autr' soir, la nuit était sombre,
Pan !... quel choc à mon... pantalon !
C'était un gamin qui dans l'ombre
Croyait enlever son ballon !

DIMANCHE. On vous enlevait le ballon !

LE PONT-NEUF. C'est égal, c'est fort agréable !

ZODIAQUE. Et cette promenade a mis en bonne humeur sa majesté Pont-Neuf.

LE PONT-NEUF. Moi ! je suis toujours en belle humeur ! et en bon appétit, mais plus encore aujourd'hui, car ces beaux travaux permettront aux braves ouvriers de Paris de mettre la poule au pot le dimanche !

DIMANCHE, *lui tenant la main.* Ah ! c'est bien ce que vous dites là ! vous auriez dû nous chanter un pont-neuf là dessus, je suis sûr que ça aurait été applaudi.

SCÈNE VII.
LES MÊMES, UNE VIEILLE DAME.

LA VIEILLE DAME, *avec une muselière à la bouche.* C'est une abomination !... une malédiction !... une tyrannisation ! je viens me plaindre.

LE PONT-NEUF. Quelle est cette dame ?

ZODIAQUE. Qu'a-t-elle donc à la bouche ?

DIMANCHE, *s'approchant.* Elle a de gros mots à la bouche et une muselière.

ZODIAQUE, *lui donnant un sou.* C'est quelque chien d'aveugle !

LA DAME, *le repoussant.* Oh ! j'enrage !

DIMANCHE, *se reculant.* Ne m'approchez pas !

LA DAME. J'enrage de ne pouvoir ravoir mon chien !... il est à la fourrière rue Guénégaud, et je n'ai pu traverser le Pont-Neuf à cause des réparations !

LE PONT-NEUF. Vous n'avez pu me traverser ?

LA DAME. Quoi ?... vous seriez ?

ZODIAQUE. Le Pont-Neuf corne saint-gris !

LA DAME, *au Pont-Neuf.* Je m'attache à vos pas, alors... Je ne vous quitte plus... il faut que je vous traverse.

LE PONT-NEUF. Modérez-vous, madame.

DIMANCHE. Un malheur vous est donc arrivé ?

LA DAME. Un malheur !... un désastre !... figurez-vous que Bassinet...

DIMANCHE. Où prenez-vous Bassinet ?

LA DAME. C'est un chien ?

ZODIAQUE. Un chien de fusil ?

LA DAME. Non !... mon chien s'appelle Bassinet.

DIMANCHE. Ah ! Bassinet ! nom d'un chien !.. et qu'est devenu ce contribuable ?

LA DAME. La pauvre bête a été frappée !

DIMANCHE. Frappée !... Il y a pourtant une loi qui défend de battre les animaux !

LA DAME. Non ! frappée par le règlement qui condamne les chiens à porter un museau... Mais Bassinet n'a jamais pu souffrir la gêne ! aussi me suis-je mis une muselière en me disant, quand ce pauvre toutou verra que tout le monde en porte... il se décidera peut-être à en prendre une aussi !...

DIMANCHE. Noble dévouement !

LA DAME. Et pourtant si on savait prendre les chiens par le sentiment, au lieu de les prendre par la peau du cou... ils pourraient rendre de grands services. (*Elle ôte sa muselière.*)

AIR : *Rifolet sans qu'il s'en doute.*

Tous les chiens, j'en suis certaine,
Pris par le gouvernement,
Seraient sans beaucoup de peine
Employés utilement.
Aux gens sans cœur ni courage,
Mendiant à chaque instant,
Pour leur montrer leur image
On donn'rait le chien couchant.
Des faveurs suivant les traces
Et parvenant les premiers,
Pour tous les coureurs de places
On prendrait les levriers.
Emblême des diplomates
Que l'on dit penser beaucoup,
Raide et sérieux sur ses pattes
Nous possédons le chien-loup.
S'il existe des rebelles
A soumettre, à corriger,

Sur ces tr upeaux d'infidèles
Lançons le chien de berger.
Pour diminuer l'espèce
Des demandeurs si communs,
Le roquet mordrait sans cesse
Les mollets des importans.
Pleins de ruse et de malice,
Le nez toujours aux aguets,
Pour faire notre police
On prendrait les chiens d'arrêts.
Puis, pour tous les sauvetages,
Les terr's neuv's seraient pris.
Les gens fidèles et sages,
Aux canich's donn'raient le prix.
Ceux dont l'esprit se détraque,
Qu'on rencontre tant chez nous,
Adopteraient le chien braque,
Car c'est le vrai chien des fous.
Sans sabre ni hallebarde,
Nous n'aurions plus d'ennemis,
Si l'on prenait le chien d' garde
Pour défendre le pays.
Oui, les chiens, j'en suis certaine,
Pris par le gouvernement,
Seraient sans beaucoup de peine
Employés utilement.
(Elle remet sa muselière.)

DIMANCHE. Vous leur feriez faire là un métier de chien.

LA DAME. Ça n'a pas empêché, monsieur, qu'on m'a pris Bassinet, quoiqu'il y ait une muselière a ma bouche. Un fourrier l'a fourré en fourrière et je n'ai plus qu'un quart d'heure pour payer l'amende et le réclamer. (Au Pont-Neuf.) De grâce, monsieur, laissez moi vous traverser.

LE PONT-NEUF. Venez, madame, mais à une condition.

LA DAME, sentimentalement. Oh ! monsieur !

LE PONT-NEUF. Il ne s'agit pas de cela, ôtez cet objet.

LA DAME. Jamais ! il faut que Bassinet sache ce que je fais pour lui.

ZODIAQUE. Ah ! monseigneur... Par la même occasion, auriez-vous la bonté de nous laisser vous traverser aussi?

LE PONT-NEUF. Volontiers !

DIMANCHE. Vous avez donc affaire par là ?

ZODIAQUE. Une affaire de la plus haute importance : il faut que j'aille à la Monnaie ; j'ai une pièce de cinq sous à changer.

DIMANCHE. Dépêchons-nous, car j'ai appris qu'on n'avait plus que jusqu'à hier soir.

LE PONT-NEUF. Maintenant suivez-moi !.

ENSEMBLE.
AIR : *La dinde au berceau.*
LE PONT-NEUF et DIMANCHE.
Ici, sans faire plus la moue,
 ZODIAQUE et LA DAME, aboyant.
Woue!
 LE PONT-NEUF et DIMANCHE.
Partons vite et bravons la boue!
 ZODIAQUE et LA DAME, même jeu.
Woue!
 LE PONT-NEUF et DIMANCHE.
Franchement, moi, je les crois fous!
 ZODIAQUE et LA DAME, même jeu.
Woue!
 LE PONT-NEUF et DIMANCHE.
Allons, Pont-Neuf dirigez- nous!
Vers moi, messieurs   vous !
 ZODIAQUE et LA DAME, même jeu.
Woue!
Ils sortent. — *Le décor change.*

Troisième tableau.
LA MONNAIE.
UNE SALLE EN PIERRE.

SCÈNE I.
OUVRIERS DE LA MONNAIE.
CHOEUR.
AIR : *Pan ! pan !*
Allons battre monnaie !
Et puisque le trésor,
Chaque jour nous paie,
Il faut batt'e encor.

L'ARGENT, *entrant. (Parlé.)* Eh bien, qu'y a-t-il donc ?

L'OUVRIER. Bonjour, seigneur Argent, notre cher directeur.

L'ARGENT.
Quel travail inutile
De tant m'accumuler!
Pour me rendre fertile
Faites-moi circuler !
REPRISE.
Allons battre, etc.

UN OUVRIER. Seigneur Argent, nous ne fabriquons pas grand'chose de nouveau. Nous n'opérons que des transformations, d'après l'ordre du sous directeur, le calcul décimal.

L'ARGENT. A la bonne heure !

AIR : *Pégase.*
C'est comme les auteurs modernes,
Qui, lorsqu'ils veulent inventer,
Composent des œuvres fort ternes
Dont il faut bien se contenter.
Ils prennent un parti plus sage,
Et je crois qu'ils s'en trouvent mieux ;
C'est de refaire un vieil ouvrage.
On a du neuf avec du vieux !
(*Bruit en dehors.*)
Qu'est-ce que c'est que ça ?

UN OUVRIER. C'est cette pie-grièche de cinq sous qui est toujours après la nouvelle pièce de quatre sous.

SCÈNE II.
LES MÊMES, QUATRE SOUS, CINQ SOUS.
AIR : *Compliments de Normandie.* (Loïsa Puget.)
CINQ SOUS.
Voyez la mauvaise pièce
Qui prétend me détrôner !
Vraiment (*bis.*) c'est à me faire damner !
QUATRE SOUS.
Puisque vous êtes en baisse,
Pourquoi ne voulez-vous pas
Sur vous (*bis.*) que je prenne enfin le pas ?
CINQ SOUS.
Ne m'échauffez pas la bile
Ou je vais fondre sur vous !
QUATRE SOUS.
De moi craignez une pile
Où vous auriez le dessous !
L'ARGENT.
Holà ! ma chère,
Moins de colère,
(*Allant de l'une à l'autre.*)
Et pour ta sœur
Plus de douceur !
Sois raisonnable !
Sois plus traitable !
Pas tant d'aigreur,
Moins de fureur,
Calmez donc cette haine,
Sur l'honneur vous me rendrez fou,

Et ce n'est pas la peine
De se disputer pour un sou!
REPRISE.
QUATRE SOUS.
Taisez-vous, mauvaise pièce,
Je saurai vous détrôner?
Tant pis, si je vous ai fait damner.
CINQ SOUS.
Non, je ne suis pas en baisse,
Et certes, je ne veux pas
Sur moi qu'on ose prendre le pas!
(Le reste ensemble.)

CINQ SOUS. Ce n'est pas pour l'intérêt que je me querelle, c'est pour l'honneur; enfin, j'étais quelque chose, j'avais un grade dans la hiérarchie monétaire, mais depuis que cette bâtarde a été mise en circulation, quand je me présente quelque part, faut voir comme on me reçoit, on me retourne, on m'examine à me faire rougir.

QUATRE SOUS. As-tu fini?

CINQ SOUS. Et combien de fois s'est-elle fait passer pour moi?... Et c'est pour cela qu'on me met à la réforme, moi, qui ai servi à maints refrains de chansonnettes, depuis Fanfan la Tulipe, avec ses cinq sous vaillants, jusqu'à la dot d'Auvergne.. cinq sous pour monter un petit ménage!

QUATRE SOUS. Eh bien, et moi?

Air : *Ma mère m'a donné quat' sous.*
Je suis la pièc' de quat' sous,
Quat' sous ! quat' sous comme ça sonne!
Mon nom mieux que l' votr' résonne,
Et j' suis plus brillant' que vous!
J'suis quat' sous! (Bis.)
J' suis commod' pour acheter
Et la femme de ménage
Sur elle aime à me porter.
Partout j' suis mise en usage,
Vous voulez m' fair' peur vraiment,
Et me battr' s'rait votre affaire
J' suis frappé' tout nouvell'ment,
Ne m' frappez donc pas, ma chère!
REPRISE.
Je suis la pièce, etc.

L'ARGENT. Elle a raison, mon enfant; puisqu'on vous supprime, il faut vous résigner.

CINQ SOUS. Me supprimer, moi!
Air : *Perinette.*
De la pièce de cinq sous
Qu'on va faire disparaître,
Français, vous devriez être
Les soutiens les plus jaloux.
Regardez mon effigie
Et vous pourrez y voir tous
La couronne d'Italie,
Qui jadis était à vous !
Ecoutez, c'est de l'histoire,
Je devrais être pour vous
Toujours un monument d' gloire,
Gardez la pièc' de cinq sous.

L'ARGENT. A cause de cela, on te détruira pas tout à fait, tu auras ta retraite dans les médailles. (*Elles s'éloignent en se disputant tout bas.*)

SCÈNE III.

L'ARGENT, DIMANCHE, LA PIÈCE FAUSSE.
(*Dimanche et la Pièce Fausse font des cérémonies pour entrer.*)

DIMANCHE. Après vous.

LA PIÈCE. Je n'en ferai rien.

DIMANCHE. Ce jeune homme est charmant, mais il fait des manières... Passez donc le premier :

d'abord, on ne me laissera pas entrer ; le dimanche on ne va nulle part, c'est encore une de mes prérogatives.

LA PIÈCE. Avec moi on va partout; je suis la pièce de cinq francs.

DIMANCHE. La pièce de cinq francs! alors, je suis tranquille. Présentez-moi.

LA PIÈCE. Non, cachez-moi au contraire... Je suis très-timide.

DIMANCHE. On disait la pièce de cent sous si insolente!

LA PIÈCE, *à part.* La vraie, oui, mais la fausse. (*Haut.*) Au contraire, je suis d'une politesse...

DIMANCHE. Le fait est qu'il est très-poli.

LA PIÈCE. Ne me regardez pas comme ça ! vous me faites changer de couleur !

L'ARGENT. Que demandez-vous, monsieur ?... qui êtes-vous ?

DIMANCHE. Le bonhomme Dimanche; je date de la semaine de la création, je suis le dernier jour; par mon mérite, je suis devenu le premier. Je suis venu en compagnie du roi Zodiaque pour une excursion... A propos, connaissez-vous sa majesté Zodiaque ?

L'ARGENT. De réputation.

DIMANCHE. Savez-vous où il est ?... Je l'ai laissé en train d'encourager les arts; il donnait deux sous au théâtre de Guignol ; il y a une heure qu'il regarde Polichinelle se battant avec le chat; il applaudit, il redemande les acteurs, il est d'une curiosité!... Tout à l'heure, il a embrassé le phoque intelligent, sur les deux joues; il veut le placer parmi ses signes ; enfin, pour en revenir à ce qui m'amène, tout à l'heure, j'ai vu écrit sur votre frontispice : *Hôtel de la Monnaie.* J'ai éprouvé le désir de voir de près cette substance que tout le monde injurie et recherche cependant... A qui ai-je l'honneur de parler ?

L'ARGENT. Je suis l'Argent en personne.

DIMANCHE. L'Argent ! Ah ! (*Lui prenant la main.*) Laissez-moi vous toucher, je touche de l'argent ! Ah ! monsieur, j'ai de l'amitié pour vous, j'aurais grand plaisir à vous faire valoir.

L'ARGENT. Hélas ! on me dilapide bien souvent. Je ne sais pas comment je vis encore !

DIMANCHE. Vous avez raison! Il y a tant de bourreaux d'argent!

LA PIÈCE FAUSSE, *à part, à Dimanche.* Rendez-moi un service, je voudrais me changer...

DIMANCHE. Vous êtes en moiteur ?

LA PIÈCE. Non, il faut que je me mette en cinq aujourd'hui... proposez adroitement ma transformation.

DIMANCHE. Ça ira tout seul. Voulez-vous me changer cent sous ?

L'ARGENT. Permettez, monsieur Dimanche, je vous arrête!

DIMANCHE. Pourquoi ça ? je n'ai pas de dettes! d'ailleurs, on n'arrête pas le Dimanche.

L'ARGENT. Comme faux monnoyeur, vous venez à la Monnaie changer une pièce fausse ! (*La pièce fausse veut fuir, on la retient.*)

DIMANCHE. Ça, c'est une pièce fausse! Ah ! gredin! canaille! tartuffe! je disais aussi, il a des manières mielleuses qui ne m'allaient pas.

LA PIÈCE FAUSSE. Mon Dieu! pourquoi cette colère ? on a bien toléré l'argenterie Ruoltz, pourquoi ne pas laisser ce procédé s'introduire dans la monnaie ?

DIMANCHE. Est-il effronté, avec son air pudique ! J'espère, seigneur Argent, que vous ne me croyez pas capable... au contraire... rien que la vue de ce drôle !...

AIR : *Un page.*
Cesseras-tu, criminelle industrie,
Toi qu'autrefois on punissait de mort?
Fausse monnaie, à jamais sois flétrie,
Car c'est au pauvre, hélas! que tu fais tort!
Quand l'ouvrier vient toucher son salaire,
Si par malheur tu tombes dans sa main,
Sais-tu combien de jours, lâche faussaire,
Tu peux laisser sa famille sans pain!

Va-t'en! Oh! j'éprouve le plus vif désir de donner un grand coup de pied dans l'écu que voilà. (*Il le lui donne.*) Voilà le seul balancier avec lequel on doit frapper cette monnaie-là (*la Pièce fausse sort.*)

SCÈNE IV.
DIMANCHE, L'ARGENT.

DIMANCHE. Ai-je frappé pile ou face? je ne sais pas. Vous me plaisez, mon cher Argent, et je ne vous cacherai pas que cependant j'étais venu avec le dessein de vous lancer mon sarcasme.

L'ARGENT. Ce ne serait pas bien neuf. (*On entend un bruit de trompette.*)

DIMANCHE. Quel est le paladin qui demande l'entrée du castel à cor et à cri...

SCÈNE V.
LES MÊMES, ZODIAQUE.

ZODIAQUE, *avec sa petite trompette.*
Ah! voyez donc, mes chers amis,
Le bel achat, la riche emplette,
Oui, cette nouvelle trompette
Dans le ravissement m'a mis!
(*Il court en jouant de la trompette.*)

DIMANCHE. Ce n'est pas une trompette, c'est un... ce n'est pas là que ça se met.

ZODIAQUE. Je ne sais plus ce que je fais... je me suis tant amusé aux Champs-Elysées...

DIMANCHE. Qu'y avez-vous donc vu?

ZODIAQUE.
AIR du *Docteur Isambart.*
D'vant Guignol m'étant arrêté,
Té, té, té, té, té,
J'ai vu Pierrot persécuté,
Té, té, té, té, té, té,
Et puis un maigriot de chat,
Dzim lalaboum,
Que l'affreux Polichinelle bat.
(*Riant.*)
Ah! ah! ah! ah!

DEUXIÈME COUPLET.
Le commissair' trouvant le cas,
Cas, cas, cas, cas, cas,
Très-grav' lui dit : Pendu, tu s'ras
Ras, ras, ras, ras, ras.
Mais c'est le commissair' qu'on tua,
Dzim, lalaboum.
(*D'un air chagrin.*)
On baiss' la toile et l'on s'en va,
(*Pleurant.*)
Ah! ah! ah! ah!

DIMANCHE. C'est très-joli... mais ça ne me dit pas où vous avez pris cette embouchure?

ZODIAQUE. C'est la fameuse trompette de Saxe... le marchand est un Saxon... à preuve qu'il me disait : si signor.

DIMANCHE. On vous a vendu cela?
ZODIAQUE. 500 francs.
DIMANCHE. On vous a volé!
ZODIAQUE. A crédit!

DIMANCHE. C'est différent! alors, c'est le marchand qui la gobe. Vous avez confondu la réclame des fontaines avec le saxophone, instrument majestueux qui briserait le tympan absent des sourds-muets.

ZODIAQUE. C'est égal, j'aime cette musique-là, je trouve qu'elle a du zing. (*Il en joue.*)

DIMANCHE. Taisez votre bec!

ZODIAQUE. Tu me parles cavalièrement, à moi, ton maître!

DIMANCHE. Puisque vous êtes incognito, je suis familier avec vous pour qu'on prenne le change. (*Il le bouscule.*)

ZODIAQUE. C'est juste! sont-ils attrapés... ils me prendront pour un simple particulier. (*Il le bouscule de nouveau.*) Je jouis du bénéfice de l'incognito!

L'ARGENT. Notre séance n'est pas terminée. Je vais faire paraître devant vous le grand pourvoyeur de l'entreprise... le démolisseur!

ZODIAQUE. Qu'est-ce qu'on fait?

DIMANCHE. Il fallait venir plus tôt... Croyez-vous que l'on va recommencer pour vous?

ZODIAQUE. Comme on me traite! Oh! je jouis de plus en plus de l'incognito!

L'ARGENT. A moi, le grand démolisseur, commence tes évolutions! (*Un homme passe avec une latte.*)

L'HOMME. Gare là-dessous! au large! (*Des plâtras tombent sur la tête de Zodiaque et de Dimanche.*)

DIMANCHE. Serions-nous au dernier tableau des *Nuits de la Seine?*...

L'ARGENT. Démolisseur, à moi!

SCÈNE VI.
LES MÊMES, LE DÉMOLISSEUR.

LE DÉMOLISSEUR, *une pioche à la main.* Me voilà! parlez! Où faut-il abattre, renverser? je vais inonder la capitale de décombres et de ruines. Frappe! frappe, pioche puissante et régénératrice! Mords à pleines dents de ces constructions vacillantes! œuvres de l'incapacité, de la faiblesse et de l'ignorance!

ZODIAQUE. Il me fait peur, ce gaillard-là! Cache-moi...

DIMANCHE. Vous êtes plus gros que moi, vous pouvez passer pour une pièce de résistance. (*Ils se cachent chacun derrière l'autre.*)

LE DÉMOLISSEUR. Frappe, pioche aiguë et acérée! Brise ces réceptacles de misère, de maladies et d'infamie!... que ce monceau de charpentes, de boue et d'immondices retourne dans la terre pour y puiser une nouvelle forme, une nouvelle vie!

AIR *nouveau de Kriesel.*
Je suis encor peu connu du vulgaire,
Appelez-moi le grand démolisseur,
Aux vieux quartiers j'ai déclaré la guerre,
Des temps nouveaux je suis le précurseur;
Je démolis, mais je creuse, j'inspecte
Où je devrai commencer et finir,
Prudent, hardi, comme un grand architecte
Qui voit déjà son plan dans l'avenir.
Je démolis des maisons et des rues;
Mais le bourgeois, candide à son réveil,
S'étonne moins de les voir disparues
Que de sentir les rayons du soleil.
En regardant ces quais, ces promenades,
En retrouvant le nom de Rivoli
Dans cette rue aux nombreuses arcades,
Regrettez-vous ce que j'ai démoli?
Sous le marteau tombez, vieilles murailles,
Disparaissez, cloaques inconnus,
Où la misère, ardente et sans entrailles,
Étiolait des enfants presque nus.
Disparaissez, ruelles solitaires,

Quartiers malsains, boueux, déshérités;
Que le soleil passe dans vos artères,
Et nous inonde enfin de ces clartés.
Voyez déjà ces belles galeries,
De notre gloire éternel monument,
Pour relier le Louvre aux Tuileries,
Sortir du sol majestueusement.
Pour rajeunir enfin la capitale,
Nous balayons à travers les débris
Cette poussière antique et féodale
Qui recouvrait les murs du vieux Paris.
Du vrai, du beau, suivant toutes les phases,
De la routine il faut se délivrer,
Démolissons : mais préparons les bases,
Pour reconstruire et pour régénérer !

DIMANCHE. Si on démolit tout, nous serons donc obligés de coucher à la belle étoile... Le vieux Zodiaque ça lui est égal : le ciel de son lit en est parsemé.

ZODIAQUE. Je ne veux pas de ça ! je ne veux pas rester sans toit !

DIMANCHE. Sans moi ?

ZODIAQUE. Sans toit avec toi !... c'est-à-dire avec toi sans toit ! Je veux un autre toit que toi !

LE DÉMOLISSEUR. Rassurez-vous, mes amis ; du sein de ces ruines va jaillir une cité nouvelle. Je puis dérouler à vos yeux ce gigantesque spectacle. (Musique.)

Parais, quartier nouveau, sors des flancs de la terre,
Noble, majestueux, utile, sanctuaire,
Tu réuniras tout; nos voisins orgueilleux
Jettent déjà sur toi des regards envieux !
Instruits par les malheurs et de Rome et d'Athènes,
Évitons les écueils de ces villes anciennes,
Montrons que si Paris sait construire, élever,
Ce qui vaut mieux encore, il saura conserver !
Du palais de cristal, météore éphémère
Donc se glorifiait nos rivaux d'Angleterre,
Cherchez donc maintenant les fragiles débris,
Comme du bric-à-brac, on les vend à vil prix.
De ce luxe en clinquant ne soyons pas coupables,
Il nous faut désormais des monuments durables;
Laissons les étrangers employer follement
La spongieuse brique et le pâle ciment;
Qu'ils coulent en mastic, qu'ils bâtissent en verre;
Nous, coulons en airain et bâtissons en pierre,
Et que dans l'avenir notre grande cité
Puisse survivre même à l'immortalité !

LE PANORAMA.

ZODIAQUE. On va nous monter la comédie ?

DIMANCHE. La comédie ! Vous n'avez donc pas entendu ce que monsieur vient de nous dire ?

ZODIAQUE. Si, je l'ai entendu, mais je ne l'ai pas compris.

DIMANCHE, s'impatientant. Alors, c'est inutile qu'on se donne la peine... Il n'a pas compris !... ni moi non plus... c'est égal, je vais tâcher de vous expliquer ça le plus clairement possible. Bon ! voilà qu'on éteint le gaz...

ZODIAQUE. Oh ! mon Dieu, qu'il fait noir.

DIMANCHE. Je parie que c'est parce qu'on a éteint le gaz.

ZODIAQUE, s'approchant de Dimanche. Dis donc, je crois que j'ai peur.

DIMANCHE. Vous avez peur. Eh bien ! moi aussi... Donnez-moi la main.

ZODIAQUE. C'est ça, nous aurons peur ensemble.

DIMANCHE. Là ! tâchez de vous tenir tranquille.

ZODIAQUE. Oh ! que c'est beau ! que c'est beau !

DIMANCHE. Attendez donc, je vous dirai quand il faudra admirer.

ZODIAQUE. Comment ça se fait-il qu'on démolisse ? On m'avait dit, au contraire, qu'on bâtissait une nouvelle rue... la rue de Rivoli.

DIMANCHE. Sans doute, on démolit ce qui est laid, pour rebâtir en plus beau.

ZODIAQUE. Oh ! une idée ! Si je te démolissais pour te rebâtir ? Je te promets de te faire très joli.

DIMANCHE. Voilà l'église Saint-Gervais.

ZODIAQUE. Je ne vois pas le pré Saint-Gervais.

DIMANCHE. Tenez, voilà une nouvelle caserne.

ZODIAQUE. Une caserne ? Ça me rappelle Arthémise.

DIMANCHE. Arthémise... une de vos victimes ?

ZODIAQUE. Elle a été mon infante, et quand elle était gaie, je disais mon infante RIT.

DIMANCHE. Sire, je vais m'en aller me promener sur un square.

ZODIAQUE. Qu'est-ce que ça une square ?

DIMANCHE. C'est une villa.

ZODIAQUE. Et une villa ?

DIMANCHE. C'est un square. Voilà la fontaine Lobau.

ZODIAQUE. L'eau belle, tu veux dire.

ZODIAQUE. Quel est ce grand monument ?

DIMANCHE. L'Hôtel de Ville, ou du moins son flanc.

ZODIAQUE. J'aime mieux le flan que j'ai mangé ce matin.

DIMANCHE. Attendez, vous allez voir la face.

ZODIAQUE. Je vais voir la face du flan. Quel bonheur ! Oh ! que c'est magnifique !

DIMANCHE. N'admirez donc pas si vite, vous avez l'air d'un provincial.

ZODIAQUE. C'est juste ; oh ! que c'est laid !

DIMANCHE. Ne critiquez pas, vous avez l'air d'un Parisien. A présent que vous y êtes. Voilà la magnifique façade de l'Hôtel de Ville... la Grève.

ZODIAQUE. Oh ! nous sommes en grève ; tant mieux, nous allons louer. Oh ! le joli pont !

DIMANCHE. C'est le pont d'Arcole (avec enthousiasme), le pont d'Arcole! Attendez ! je vais vous chanter un couplet patriotique. (Il se lève.) Le pont d'Arcole... (Se rasseyant tranquillement.) Non, au fait, nous n'aurions pas le temps.

ZODIAQUE. Quelle est cette rue ?...

DIMANCHE. C'est la rue de chose... qui a remplacé celle du machin !...

ZODIAQUE. Ça vaudra mieux... c'est bien plus beau. Oh ! une tour ! une vieille tour !

DIMANCHE. C'est la tour.

ZODIAQUE. Latour d'Auvergne...

DIMANCHE. Non, la tour Saint-Jacques-la-Boucherie.

ZODIAQUE. Ainsi nommée parce qu'on va y établir un phare.

DIMANCHE. Parlons sans fard. C'est la plus ancienne tour de la capitale.

ZODIAQUE, avec joie. La tour, prends garde ! la tour, prends garde de te laisser abattre !

DIMANCHE. Nous n'avons garde, nous n'avons garde de passer sous silence la rue Saint-Denis. Tenez, regardez à cette fenêtre, c'est mademoiselle comment donc ?

ZODIAQUE. Tiens, oui !

DIMANCHE. Vous ne la connaissez pas.

ZODIAQUE. Alors, c'est inutile de me la montrer.

DIMANCHE. C'est une actrice d'un petit théâtre. Mazette, comme elle est logée ! il paraît que son petit théâtre prospère diablement.

DIMANCHE. Voilà un palais (lisant) chinois.

ZODIAQUE. C'est l'ambassade de la Chine.
DIMANCHE. Prunes et chinois... on n'a plus de luxe que pour les prunes... Ah! voilà le Louvre...
ZODIAQUE. On l'ouvre à tout le monde.
DIMANCHE. Voilà la rue du Coq... Oh! on l'a coupée.
ZODIAQUE. C'est la rue du Coq coupée.
DIMANCHE. Nous avions déjà la rue Chapon.
ZODIAQUE. C'est magnifique!

Quatrième tableau.
LE MUR D'AFFICHES.
SCÈNE PREMIÈRE.
ZODIAQUE, DIMANCHE.

ZODIAQUE, *un journal à la main*. C'est horrible! c'est affreux! c'est épouvantable!
DIMANCHE. Sire, qu'avez-vous? vous m'effrayez?
ZODIAQUE. Je ne peux pas deviner... ce malheureux rébus.
DIMANCHE. C'est cela qui vous met dans cet état-là, sire.
ZODIAQUE. Tu en parles bien à ton aise... tiens, lis.
DIMANCHE. Je dis que je m'en fiche!
ZODIAQUE. Je n'avais pas deviné celui-là; tu t'en... et moi aussi au bout du compte, où sommes-nous ici?
DIMANCHE. Devant un mur d'affiches.
ZODIAQUE. Oh! des affiches!
DIMANCHE. Pourquoi cet air de dédain? les affiches sont ce que nous avons de mieux. Il est rare que ce que l'on exécute vaille ce que l'on annonce.
ZODIAQUE. Tiens Richard III.
DIMANCHE. Richard 3 c'est écrit en anglais avec des chiffres romains.
ZODIAQUE. Elles sont bien jolies les affiches de spectacle! on met des petites images dessus. J'aime beaucoup les images.
DIMANCHE.
Air *du Premier prix*.
D'illustrations on n'est pas chiche;
Au moyen de clichés nouveaux,
On vous enjolive une affiche
De fleurs, de dessins, d'animaux,
De serpents, de petits oiseaux.
Auprès d'un singe avec adresse,
Le nom du théâtre se joint,
Entre deux ours on met la pièce,
Et l'auteur auprès d'un serin.

(*Lisant.*) Paris va fondre si...
DIMANCHE. Si la chaleur continue, et si l'on n'achète pas des vêtements d'été de monsieur un tel, rue, etc.
ZODIAQUE. Quelle belle chose que la chaleur.
DIMANCHE. Ça procure des aventures charmantes.
ZODIAQUE. Le fait est qu'il arrive des aventures incroyables.... Tiens, l'autre jour j'ai vu un jeune gâte-sauce qui se nourrissait avec sa marchandise.
Air: *Restez, troupe jolie.*
Portant des œufs dans sa patanière,
Il s'en allait suant beaucoup,
Mais la panière tombe à terre,
Les œufs se répandent partout
Et tout est brisé sur le coup;
Tout se disperse, tout se casse,
L'homme jure et frappe du poing,
Puis se ravisant il ramasse
Une omelette cuite à point!

DIMANCHE. C'est le cas de dire qu'il fait si chaud que la cuisine cuirait toute seule. Et moi donc, l'autre jour.

Même Air:
Un jeune ami du libre échange,
Serrait de près un Champenois;
Un agent vint et dit: mon ange,
T'as donc d'la colle après les doigts;
T'as chippé l'foulard du bourgeois.
C'est la chaleur, répond le mioche,
Avec un aplomb sans pareil;
J'avais mis les mains dans sa poche,
Pour les garantir du soleil.

ZODIAQUE. Dis donc, si nous allions nous rafraîchir au café; j'ai chaud, moi...
DIMANCHE. Entrons plutôt quelque part, nous lirons les journaux! Tenez, justement voilà une jolie petite affiche: Culture magnétique des fleurs, par le célèbre Royaumir qui les fait pousser avec ses yeux.....
ZODIAQUE. On peut dire qu'il fait pousser les fleurs à l'œil...
DIMANCHE. Ça doit être bien joli.

SCÈNE II.
DIMANCHE, ZODIAQUE, UN GAMIN.

LE GAMIN, *entrant en chantant*.
Oui, voilà l' gamin de Paris,
Voilà, mes chers amis,
Voilà le gamin de Paris!

Excusez, notre bourgeois... oh! c'te tête! bonjour, monsieur... oh! c'te balle bonjour madame.
DIMANCHE. Qu'est-ce jeune homme?
LE GAMIN. I-sidore, vendeur de programmes, surnommé le professeur de danse et de maintien depuis mes succès du bal de la halle!
ZODIAQUE. Vous y figuriez?
LE GAMIN. Tout de neuf habillé... et c'était un peu rigolo!

Air: *Heureux habitants* (Ketty).
Ah! le joli bal,
Le joli bal,
C' bal d' la halle!
Galop infernal,
Joyeux et charmant bacchanal!
Ah! le joli bal!
Quel honneur pour la capitale!
Le bal de la halle
Eut un succès pyramidal!
Voyez quels apprêts:
Toutes les marchandes de beurre
Ont des gants beurr' frais,
Des bijoux, des diamants vrais.
De peur d'être en r'tard,
On prend une roulante à l'heure,
Un fiacre chicard,
On arrive à minuit un quart!
C'est un peu vexant,
Dans l'atmosphère y a du grabuge,
Et le firmament
Est chargé de pluie et de vent.
De tous les côtés,
Ça tombe comme un vrai déluge,
Et nos jeun's beautés
Entrent au bal les bas crottés.
C'est chic et r'luisant,
En v'là de l'or, et plus qu' ça de lumière.
On est à présent
Dans un état satisfaisant.
Mais le toit bientôt
Se transforme en vaste gouttière,
Et l' liquide d'en haut
Vous arrose un peu plus qu'il n' faut.

Il fait par moments
Un' chaleur à tarir la Seine,
Mais les plus gourmands
Ont pompé les rafraîchiss'ments.
  Nos dam's sans façon
Boiv'nt dans des pots à la fontaine
Due à Jean Goujon,
Au risqu' d'avaler un goujon !
  Valses, rigodons,
Tout's les dans's sont mis's en usage,
  On s'dit : Trépignons !
Tant pis pour ceux qu'ont des oignons.
  On fait tant d' chemin
En polkant, qu'on est vite en nage,
Et quand s'tait l' crin crin,
On a l'air de sortir d'un bain.
  Chacun se connaît,
On fait plus d'une partie carrée.
  On cause poulet.
Beurre, action, moule, ballet.
  On parl' tour à tour
De la rente et de la marée,
Car tout's deux, chaqu' jour,
Descendent et mont'nt à leur tour.
  Assis's sur leurs bancs,
On admire les marchand's d'huîtres
  Couvert's de rubans,
Et portant jusqu'à des turbans.
  N'est-on pas d'accord,
Vite on prend les forts pour arbitre ;
  Le sex' n'a pas tort,
Il est faible, il s'appuie sur l' fort !
  Ah ! quel joli bal, etc.

Vendre des programmes à présent !... plus souvent !

DIMANCHE. Vous n'avez donc pas de famille ?

LE GAMIN. De la famille ? tiens, c'est vrai, je n'y pensais plus... Ma mère !... ma pauvre mère !... J'suis un pas grand' chose, et pour me punir, tenez, flanquez-moi des grands coups de pied où vous voudrez...

DIMANCHE. Non, je vais te procurer l'occasion de gagner de l'argent... Le père Zodiaque a une petite pièce de cinq sous qu'il n'a pas encore pu passer, je te la donnerai si tu veux nous conduire chez le célèbre Royaumir, dans la rue Culture...

LE GAMIN. Emboîtez le pas, et faites gigoter vos fumerons...

ENSEMBLE.

AIR des *Hussards de Felsheim*.

Puisque le sort qui nous rassemble,
Nous permet en ce jour d'éprouver son ardeur,
Dépêchons-nous, partons ensemble,
Suivons ce nouveau conducteur.

Ils sortent.— Le décor change.

ACTE III.

Cinquième tableau.

Le théâtre représente un jardin potager.

SCÈNE I.

DIMANCHE, ZODIAQUE, ROYAUMIR.

ZODIAQUE, *à Dimanche*. Quel est ce quidam ? Ce monsieur est bien pittoresque de langage et de costume !

DIMANCHE. Ses habits viennent peut-être d'un magasin pittoresque !

ROYAUMIR, *se posant*. Vous avez devant vous le célèbre Royaumir, Allemand d'origine ; c'est moi qui, dans une ville dont je ne veux pas me rappeler le nom, ai fait mûrir des raisins en les regardant

ZODIAQUE. En les regardant mûrir ?..

DIMANCHE. Ou en les regardant tout l'été !...

ROYAUMIR. Non... pendant une demi-heure. Mon regard brûlant donne la vie à tous les produits de la nature. Vous voyez bien cet œil droit ?...

DIMANCHE. Je le vois !

ZODIAQUE. Nous le voyons !

ROYAUMIR. Il a fait éclore plus de trois mille cinq cents roses.

ZODIAQUE. Et elles ne vous ont pas piqué ?

ROYAUMIR. Jamais !

DIMANCHE. Il n'y a pourtant pas de roses sans épingles.

ROYAUMIR. Vous voyez bien cet œil gauche ?

ZODIAQUE. Je le vois !

DIMANCHE. Nous le voyons !

ROYAUMIR. Il a fait pousser plus de cinq mille quatre cents betteraves !

DIMANCHE. Ah ! si la canne savait ça !... quelle dégelée de coups de canne vous recevriez !

ROYAUMIR. Aussi, je ne crains rien... que la concurrence... je travaille pour l'art seul... et pour le prix qu'on va décerner aux plus belles fleurs et aux plus gros légumes, je ne demande que la gloire... et les dix mille francs qu'on donne au végétal le plus colossal.... le reste m'est égal ! Je suis seul et unique, et l'établissement que j'ai fondé à Paris, rue Culture, va étonner le monde entier... y compris les sapeurs et les bonnes d'enfants.

DIMANCHE. Oh ! je serais curieux de voir !

ZODIAQUE. Il y a longtemps que vous montrez vos élèves.

DIMANCHE. Vous consentez à nous trimbaler ?

ROYAUMIR. Je n'ai rien à vous refuser !

ZODIAQUE, *à Dimanche*. Il n'a rien à nous refuser !... Ah ! si je lui empruntais deux sous pour acheter du flan.

ROYAUMIR. Vous allez être les premiers à contempler mes merveilles, mes miracles... je puis le dire, c'est le jardin des miracles !

DIMANCHE. Tiens ! je ne connaissais que la cour des miracles !

ROYAUMIR. Ne bougez pas.

DIMANCHE, *à Royaumir, qui se promène en magnétisant les légumes*. Qu'est-ce que vous faites donc là ?... est-ce que vous magnétisez vos légumes ?... ça me gagne, moi, hé, là ?...

ROYAUMIR. Au contraire, je réveille leur âme engourdie !... je les fais pousser... je leur donne la vie !...

ZODIAQUE, *à Dimanche*. Méfions-nous de plus en plus de ce dompteur de carottes !...

ROYAUMIR, *à Zodiaque*. Ne faites pas attention ! ce sont mes légumes que j'anime...

DIMANCHE. Des légumes animés ! je suis animé du désir de les voir !...

ROYAUMIR. Et les fleurs ?...

DIMANCHE. Ah ! vous tenez aussi les fleurs vivantes !... vous seriez bien gentil, mais là, bien gentil de nous les montrer !

ROYAUMIR. Volontiers... mais ne bougez pas, ne parlez pas, et surtout ne respirez pas...

DIMANCHE. Je respire !... nous allons enfin voir les fleurs vivantes !...

(*Royaumir fait semblant d'appuyer sur un petit ressort, le rideau du fond se lève et laisse voir la suite du potager continuée en jardin, avec des* pots de fleurs rangés, et faisant suite aux légumes. Des femmes sont dans de grands pots qui leur montent jusqu'aux genoux. Elles portent le costume des fleurs suivantes : Le Grenadier, le Souci, la Marguerite, la Giroflée, la Pensée, la Violette, la Tulipe, le Dahlia bleu. Pendant tout ce changement l'orchestre joue en sourdine.)

Sixième tableau.
LES FLEURS VIVANTES.
SCENE PREMIÈRE.
DIMANCHE, LES FLEURS, ROYAUMIR, ZODIAQUE.

ROYAUMIR. Regardez!
ZODIAQUE. C'est plus beau que chez Séraphin, où vous m'avez conduit hier !...

ROYAUMIR.
AIR de Robert le Diable. — (Nonnes qui reposez.)
Oh! fleurs qui reposez sous cette chaude serre,
(Criant très-fort.)
  M'entendez-vous?
Pour une heure quittez votre lit fait de terre,
  Relevez-vous!..
Ne craignez plus d'une guêpe cruelle,
Ne craignez plus le terrible courroux !
Gentilles fleurs, c'est moi qui vous appelle,
C'est moi (ter) moi qui me damn' pour vous.
  Oh! fleurs, m'entendez-vous,
  Vite, relevez-vous!...
(Les fleurs s'animent peu à peu. Royaumir s'éloigne en ayant l'air de les attirer à lui. Les fleurs sortent successivement de leurs pots, à l'exception de la Violette qui reste cachée par un arbre. Elles viennent successivement se grouper autour de Royaumir qui, au milieu d'elles, a l'air de les fasciner de ses regards.)

ENSEMBLE.
AIR : Pour que ces fleurs.
LES FLEURS.
  Toutes ici.
DIMANCHE et ZODIAQUE.
  Toutes ici.
LES FLEURS.
  Autour de lui.
DIMANCHE et ZODIAQUE.
  Autour de lui.
LES FLEURS.
  Suivons sa loi.
DIMANCHE et ZODIAQUE.
  Suivez sa loi !
LES FLEURS.
  C'est notre roi.
DIMANCHE et ZODIAQUE.
  C'est votre roi !

ROYAUMIR. Nierez-vous encore ma puissance?...
DIMANCHE. Non, grand homme!... En voilà de belles femmes de fleurs !
ZODIAQUE. Heureux pacha !...
ROYAUMIR, éloignant les fleurs, d'un geste magnétique. Maintenant, vous pouvez les interroger!... eles vous parleront de leurs propriétés...
ZODIAQUE. Corne de taureau, elles ont des propriétés...
DIMANCHE. Elles sont riches !... (Au Grenadier.) Qui es-tu, toi ?...
ZODIAQUE. Tu toi... Il la tutoie...
LE GRENADIER. Moi, je suis le grenadier le plus grand.
DIMANCHE. De tous les militaires...
LE GRENADIER. Non, de tous les arbustes...

LE MYOSOTIS. Moi, le myosotis, je suis l'emblème de l'amitié et du souvenir. Chacun répète en me cueillant : Ne m'oubliez pas !
LA TULIPE. Moi, je suis la Tulipe... j'ai su résister à l'orage, aussi on m'a surnommé la Tulipe orageuse!...
DIMANCHE. J'ai vu danser ce pas-là, un soir que j'étais de garde au bal de l'Opéra... J'ai même mis celui qui le dansait à la porte.
LA TULIPE. Ce n'est pas moi.
DIMANCHE. Si ce n'est pas toi, c'est donc ton frère.
ZODIAQUE. Ou ta sœur.
LA TULIPE. Probablement. Mais je n'en suis pas moins une joyeuse vivante très-gaie, bien épanouie; j'ai même, dans le bon vieux temps, servi à faire une chanson : En avant, Fanfan la Tulipe, etc.
ZODIAQUE. Qui es-tu... vous?
GIROFLÉE, lui donnant un soufflet. Tiens, voilà mon nom !
ZODIAQUE. Corne de taureau, ça me fait l'effet d'une giroflée.
DIMANCHE. A cinq feuilles !...
ZODIAQUE. Vous avez la... feuille diablement légère, vous !...
LA GIROFLÉE, très-vite. Ah ! c'est qu'il ne fait pas bon m'asticoter... Je m'appelle la Giroflée... Je n'aime pas qu'on me chiffonne la cornette, et qu'on soit familier avec moi... qui ne le suis avec personne... entends-tu ça, vieux ?... (Elle le pousse.)
ZODIAQUE. Quelle gaillarde !...

GIROFLÉE.
AIR : Je m'en moque.
  Je suis leste,
  Je l'atteste,
Et ma main aime vraiment
  Le mouvement.
      Menaçant Zodiaque.
  Habit, veste,
  Rien ne reste.
Sous mes doigts comme le vent
Tout disparaît à l'instant,
  Et pour le complément
  Un soufflet suis souvent !
  V'lan !
Elle donne un soufflet à Zodiaque qui s'éloigne, elle marche sur lui.
Si l'on veut m'embrasser,
Moi pour me délasser,
Je mors, ou bien j'égratigne,
Et si l'amoureux s'indigne,
Deux soufflets savent le chasser !
  Je calotte
  Qui s'y frotte,
  Et je débite un pinçon
  De ma façon.
Claques, giffles et gnolles,
Coups de poings, croquignolles,
OEils pochés, coups,... et cœtera...
Parlez, faites-vous servir des torgnolles,
La jolie marchand', la voilà !...

(Parlé.) Prenez vos billets... la représentation va commencer... (A Zodiaque.) Voulez-vous essayer ?
ZODIAQUE, très-câlin. Vous êtes trop bonne...
(A part.) Quand je dis trop bonne...
DIMANCHE. Oh ! la belle fleur !... Ah! mais, c'est un dahlia bleu !...
ZODIAQUE. Où, où, où ?
LE DAHLIA BLEU. Tu l'as dit, un dahlia bleu de la plus magnifique venue !...
DIMANCHE. Enfin, on l'a trouvé... C'est vous qui

aurez le prix... Comment a-t-on fait pour vous élever?...
LE DAHLIA. Oh! il ne me faut qu'une grande caisse.
ZODIAQUE. Une caisse pleine d'argent?
DIMANCHE. Mais non, un tambour, une grosse caisse!
LE DAHLIA. Une caisse de bois, tout uniment.
ZODIAQUE. Et moi qui croyais que le dahlia bleu était un *myrthe*!
DIMANCHE. Un mythe, vous voulez dire, sire...
ZODIAQUE. Oui, un myrthe!... Oh! je ne puis pas m'empêcher de lui adresser un compliment!
AIR *du Baiser au porteur*.
(*Galamment*.)
J'ai cru longtemps que vous étiez un' blague,
Mais cette idée en moi s'efface un peu,
Celui qui doit de vous mériter la schlague,
Et dès ce jour tout en moi, sera bleu!
Ma vertu bleu!
(*Montrant sa tête et son ventre*.)
Tête bleu, ventre bleu,
En contemplant votre mine enivrante,
Si dans Suresne on vous voyait un peu,
Loin de hair l'aigre vin qu'il enfante,
Les buveurs aimeraient le bleu;
Si dans Suresne un jour on vous transplante,
Tous les pochards boiraient du petit bleu.
ZODIAQUE, *à Dimanche*. Qu'est-ce que vous pensez de ce madrigal?
DIMANCHE. Ce n'est pas vilain!... Mais à mon tour!
Même air:
La couleur bleue est une couleur douce,
On voue au bleu les enfants, je le crois,
Je voudrais voir en bleu tout ce qui pousse;
Si quelque jour, dimanche devient roi,
Oui votre bleu sera le bleu du roi!
Quand je vous dirai je vous aime!
Si vos deux poings tombaient sur mes deux yeux,
Pochés par vous, sur ma foi, je crois même
Que j'aimerais encor les bleus!
DIMANCHE, *à Zodiaque*. Qu'est-ce que vous pensez de mon sonnet?... On ne peut pas dire que je suis sans sonnet... Encore le calembour qui me poursuit... Mais, bast! voilà comme je suis, moi!
LE DAHLIA BLEU. C'est fort galant.
DIMANCHE. Pour la peine, permettez que je dépose... sur votre joue. (*Il l'embrasse, et quand il retire sa figure, il a le nez tout bleu*.)
ZODIAQUE. Il déteint!
DIMANCHE, *vexé*. Sur mon honneur.
ZODIAQUE. Non, sur votre nez!
DIMANCHE. Nous sommes floués!... Je me disais bien aussi, qu'on ne découvrirait jamais un dahlia bleu. (*Au Dahlia*) Fi que c'est laid, vous devriez rougir d'être bleu... comme ça!
LA MARGUERITE. C'est pour ça que vous ne dites rien à la Marguerite?... le baromètre des amoureux... ils m'arrachent quelquefois les membres, mais malgré cela, je leur réponds sans cesse, qu'ils s'aiment un peu, beaucoup, passionnément.
ZODIAQUE. Pas du tout. (*Giroflée le pince*.) Diable!... (*S'éloignant*.) Ça devient gênant, et je ne me soucie pas...
LE SOUCI. Qu'est-ce qui parle de souci?... Me voilà!
DIMANCHE. Cette femme a la jaunisse!
LE SOUCI. J'ai droit au prix, moi, car je ne quitte jamais les hommes!
AIR : *Trois sous l' tas*.
Le souci, (*bis*.)
Partout ça pousse et grandi,
Le souci, (*bis*.)
Suit l'homme et s'attache à lui!...
Sur terre tous les soucis
Attaquent grands et petits,
Et même plus d'un mari
Pour fleur a pris le souci!
Le souci, etc.
ZODIAQUE.
Je m' souci peu du souci :
Mais croyez bien mes amis,
Quand détestant les soucis
J'adore ce souci-ci.
Le souci, etc.
DIMANCHE.
L'omnibus qu'hier j'ai pris...
Prouve que j'ai des soucis,
Car au conducteur j'ai di :
Prenez donc *ces six sous-ci*!...
Le souci, etc.
LE SOUCI. Tu vois que je suis une fleur très connue.
DIMANCHE. Le fait est que votre couleur est assez cocu... asse!... Je vais m'adresser à cette autre fleur. Qui es-tu?
LA PENSÉE. Je suis la Pensée.
DIMANCHE. Diable! la pensée amène souvent bien des soucis.
LA PENSÉE. C'est vrai! mais elle sert aussi à les chasser... Je produis les plus grandes et les plus nobles choses... Le poëte, l'amoureux, la jeune fille, cultivent ma fleur; je rappelle à chacun les traits chéris de ceux qui sont absents!...
AIR : *Au temps heureux de la chevalerie*.
Aux écrivains, enfin, je sers d'égide,
Je viens en aide à leurs pas chancelants,
Sur le chemin du succès je les guide,
Et je soutiens tous les jeunes talents.
Par la pensée ennoblissez votre âme,
C'est pour le cœur, une église, un saint lieu
Ne souillez pas cette divine flamme,
Car la pensée est le souffle de Dieu.
DIMANCHE. Vous voyez, sire, à quoi vous vous exposez, quand vous avez de mauvaises pensées!
ZODIAQUE. Je suis visiblement ému... Mais je n'aperçois pas d'hyacinthes.
DIMANCHE. Je l'ai vu hier au théâtre du Palais-Royal. Mais avec tout ça, je ne vois pas réunies ici toutes vos compagnes les autres fleurs!
ROYAUMIR. Elles courent les champs, remplissant chacune leurs divers emplois.
DIMANCHE. Mais pour donner le prix à une fleur, il faudrait au moins, en trouver une odoriférante. (*Aux fleurs*.) Et vous sentez, que vous ne sentez rien!
ZODIAQUE. Pourtant, depuis que nous sommes ici... je suis poursuivi par une petite odeur douce, oh! mais... douce... ça sent comme le... la... les..
DIMANCHE, *flairant*. Ça sent meilleur que ça!
LA MARGUERITE, *très-vite*. C'est moi!
LA PENSÉE, *de même*. Moi!
LE SOUCI, *de même*. Moi!
LA TULIPE, *de même*. Moi!
LE GRENADIER, *de même*. Moi!
LE DAHLIA BLEU, *de même*. Moi!
ZODIAQUE. Que de moi,... on ferait une année entière avec tous leurs *mois*!...
DIMANCHE. Attendez que je reniffle votre parfum; je saurai bien laquelle de vous a une odeur...
ZODIAQUE. Je vais vous aider à reniffler... (*Ils sentent les fleurs les unes après les autres*.)

DIMANCHE, *à une fleur.* Ce n'est pas vous.
ZODIAQUE, *à une autre fleur.* Ni toi.
DIMANCHE. Ni vous.
ZODIAQUE, *à Giroflée.* Ni toi.
GIROFLÉE, *lui donnant un soufflet.* Ah! tu me manques!
ZODIAQUE. Elle ne m'a pas manqué, elle! Décidément, ça n'est pas une giroflée, c'est une calotte qui aura été mise en terre grasse...
DIMANCHE, *flairant en l'air.* Je sens toujours et je ne vois rien!
ZODIAQUE, *se frottant la joue.* Moi, je ne vois rien... mais je sens toujours!...
GIROFLÉE. Ah! c'est cette petite pimbêche de Violette qui fait encore des siennes...
TOUTES LES FLEURS. Une hypocrite!...
GIROFLÉE. Une mijaurée qui se cache soi-disant pour ne pas se laisser prendre, et qui sent si fort pour attirer les chalands!...
ZODIAQUE. Où est son nid?
DIMANCHE. Oui, où est son lit?
ROYAUMIR. J'aurai oublié... de la regarder, où ses feuilles nombreuses auront empêché mes rayons visuels d'arriver jusqu'à elle... *(Il va vers le pot de violettes.)* Ça va être fait en trois regards et cinq coups d'œil... *(Il regarde la Violette, qui s'anime peu à peu et sort de son pot.)*

SCÈNE II.
LES MÊMES, LA VIOLETTE.

LA VIOLETTE, *très-timide.* Où suis-je, et pourquoi me réveille-t-on? J'étais si bien sous mes larges feuilles, qui me cachent à tous les regards indiscrets!...

AIR *de Raymond ou le secret de la Reine.*
  Je suis la timide violette,
  Je pousse en toutes les saisons,
  Et j'ai choisi, pour ma couchette,
  Les doux et verts gazons!
  Je suis la fleur de la grisette,
  Le riche aime aussi mon odeur,
  Et pour un sou, chacun achète
  Mon parfum et ma fleur!...

Oh! quel joli temps il fait! et que je suis contente de respirer un peu! il fait si chaud dans notre serre.
DIMANCHE. Pourquoi ne te montrais-tu pas alors?
LA VIOLETTE. Mais on ne voit que moi, et on n'emploie que moi!... L'amoureux veut-il faire connaître sa flamme à une gentille grisette, il lui achète un bouquet de violettes d'un sou; veut-on faire parvenir un billet doux à une grande dame, mes vertes feuilles cachent une autre feuille, où sont écrites mille folies amoureuses! Et comme le Solitaire, j'entends tout... je vois tout... et je suis partout, dans les rues, dans les marchés, dans les promenades... Enfin, n'entendez-vous pas crier *(à Zodiaque)*:

AIR *nouveau de Kriesel.*
  Vite achetez la violette,
  D'un bouquet faites donc emplette.
  Si vous souhaitez une fête,
  Fleurissez vous, fleurissez-vous,
  Demandez tout ça, pour deux sous!...
  (Elle donne un bouquet à Zodiaque.)
(*Parlé.*) Achetez-moi ça, mon joli monsieur, ça embaume. *(Tirant Dimanche par son habit.)*
Même air.
  Voilà pour votre boutonnière,
  (A Zodiaque.)
  Achetez ma fleur printannière,
  Votre amoureuse n'est pas fière.
  Fleurissez-vous, fleurissez-vous,
  Vous rattraperez vos deux sous!
  (Elle distribue des petits bouquets qu'elle arrache de sa robe.)
Demandez, messieurs, la violette toute fraîche; ça se sent à une demi-lieue!
LA GIROFLÉE. Tu ne t'écorches pas!
LA VIOLETTE. Je répète ce que j'entends crier tous les jours... D'ailleurs, vous ne pouvez pas être jalouses, vous avez toutes plus de couleurs que moi... vous m'éclipsez!
GIROFLÉE. Pauvre chatte, on t'éclipse!... V'là-t-il pas une belle lune pour qu'on l'éclipse!..
LA VIOLETTE. Mon Dieu! Giroflée, je sais bien que je ne suis pas une lune... Mais vous êtes méchantes pour moi, vous me dites toujours de gros mots... Qu'est-ce que je vous ai donc fait?
DIMANCHE. Oui, qu'est-ce qu'elle vous a donc fait?
GIROFLÉE. Elle est trop sainte nitouche! ça m'embête.
LA VIOLETTE. Je suis ce que la nature m'a créée. Est-ce ma faute si je ne sors pas comme vous toutes d'une grande tige, et si je n'ai dans mes armoires qu'une robe d'une unique couleur?
DIMANCHE. C'est une couleur que vous nous contez là! Vous avez en Italie, du côté de Parme, une sœur qui est le double de vous.
LA VIOLETTE. La violette de Parme n'est que ma cousine, à la mode... des fleurs! Elle est plus vêtue que moi, j'en conviens; mais elle n'a pas d'odeur!
LA GIROFLÉE. Tu n'es qu'une sournoise!
LE SOUCI. Une vilaine Chinoise!
LA MARGUERITE. Bête comme une Champenoise!
LA PENSÉE. Qui fait la douce comme une framboise!
LA TULIPE. Et qui a des amants à la toise!
DIMANCHE. En voilà qui parlent comme en revenant de Pontoise!...
ZODIAQUE. Et qui lui cherchent des *scènes et noises!...*
LA VIOLETTE, *à Dimanche.* Giroflée et ses sœurs m'en veulent à cause de mon parfum; il ne leur manquait plus que ça! N'est-ce pas, monsieur, que c'est vilain la jalousie?
DIMANCHE. En fait de jalousies, je n'admets que celles qui sont aux fenêtres!
LA VIOLETTE. Si l'on me dit quelquefois que je suis gentille, je ne me vante pas comme vous des éloges que je reçois!
LA GIROFLÉE. Et si tu recevais une torgnole, t'en vanterais-tu?
LA VIOLETTE. Au contraire, je n'en dirais rien, pour cacher votre affreux caractère, et si vous étiez assez méchante pour me fouler aux pieds... je dirais que c'est quelque paysan qui, en labourant son champ, a fait passer sur moi le soc de sa charrue.
GIROFLÉE. Plût au ciel qu'il en fût ainsi.
LA VIOLETTE. Alors, j'en serais fière, puisque je pourrais dire que le fer qui m'a donné la mort, a servi à faire pousser le blé.
GIROFLÉE. Voyez-vous la bonne pâte de Violette... Attends, je vais te faire des pinçons.
DIMANCHE. La pincer!... Arrêtez, insensée... elle serait encore plus violette après!
LA VIOLETTE, *se sauvant dans les bras de Dimanche.* Protégez-moi, monsieur, vous êtes très-vieux et très-laid, mais vous avez l'air très-bon! je suis moins grande et moins forte qu'elle, elle écraserait mes pauvres petites fleurs bien innocentes, car...

AIR *nouveau de Kriesel.*
(A Dimanche.)

Si par millier j'émaille les montagnes,
Et si je semble naître sous les pas,
Comme le blé qui couvre nos campagnes,
Dieu me donna ma mission ici-bas!
Lorsque l'hiver à grands pas dans la plaine
Sème le rhume, ou fait sécher ma fleur,
Et comme un doux bienfait elle ramène,
Chez le malade et bien-être et chaleur!
Ainsi que vous, j'en sais plus d'un qui m'aime.
J'ai des amis, de braves défenseurs,
La modestie en moi trouve un emblème,
Les vrais talents sont mes imitateurs ;
Je fus la fleur d'un sublime génie
Qui de l'Europe a fait son Panthéon,
Sur son rocher quand il finit sa vie,
J'étais encor près de Napoléon!
La jeune fille à l'œil bleu qui reflète
D'un ciel d'été l'azur et la candeur,
Cache souvent comme la violette
La modestie, sous sa chaste rougeur!...
Quand le poète à l'âme qui bouillonne
Sur un grabat subit son sort fatal,
La modestie est la seule couronne,
Pauvre Gilbert, que t'offre un hôpital!
Quand le soldat, pour sa belle patrie
Délaisse un père, une amie, une sœur,
Et quand pour elle il expose sa vie,
Sa modestie est une croix d'honneur!

DIMANCHE. Elle est charmante, cette petite fleur-là!... elle mérite le prix!
TOUTES LES FLEURS. Non, non!... nous nous y opposons!
LA VIOLETTE, *à Dimanche.* Oh! monsieur, elles vont me mettre en pièces!
DIMANCHE. On vous a déjà mis en pièce au Gymnase, dans *le Bouquet de violettes*... mais ne craignez rien, rentrez chez vous! (*Bas.*) Et donnez-moi votre adresse, j'irai vous voir.
LA VIOLETTE, *bas.* Je ne sors jamais de toute la journée! Mais dépêchez-vous, car on pourrait bien me cueillir; j'ai pour voisins, un jasmin, qui est perruquier, un narcisse qui passe son temps à se regarder.
DIMANCHE. Mais votre concierge...
LA VIOLETTE. Vous pourrez me parler sans qu'on vous dérange!... Mon portier est un vieux pavot, qui dort depuis le matin jusqu'au soir... vous trouverez facilement; c'est la cinquième allée, toujours tout droit, le septième arbre à main gauche ; il y a une clochette et un petit tapis de gazon à ma porte... Essuyez vos pieds, s'il vous plaît!
DIMANCHE, *à part.* Elle est innocente comme l'éléphant qui vient de naître!... J'irai la surprendre entre chien et loup.
GIROFLÉE, *aux Fleurs.* Je crois qu'elle influence le juge.
ZODIAQUE. Pourtant!... (*Giroflée fait signe de lui donner un soufflet. Zodiaque s'éloigne d'elle.*)
LA VIOLETTE, *effrayée.* Moi... non... Je me retire. (*Bas à Dimanche.*) Je compte sur vous... (*Dimanche lui fait signe que oui.*) Adieu, méchantes, méchantes sœurs!
GIROFLÉE. Adieu, Cendrillon! (*La Violette sort vivement.*)

SCÈNE III.
LES MÊMES, *moins* LA VIOLETTE.

ROYAUMIR. Ah çà, à qui allez-vous donner le prix?
DIMANCHE. Je suis terriblement embarrassé!
ZODIAQUE. Moi, je choisirais...
LA GIROFLÉE, *menaçant.* Qui!... qui!..
ZODIAQUE, *criant* Personne, personne! c'est-à-dire, si... toi!... vous!
DIMANCHE. Tout bien vu, et bien considéré... je donne le prix à... (*A ce moment, toutes les fleurs effrayées poussent des cris et se réfugient moitié à droite, et moitié à gauche du théâtre.*)
ZODIAQUE, *effrayé.* Hein!... que se passe-t-il donc?
LES FLEURS. Une abeille!
ROYAUMIR, *regardant au fond.* En effet, elle se dirige de ce côté, en bourdonnant; fleurs, retirez-vous dans le fond du jardin... jusqu'à ce que nous sachions si ses intentions sont pacifiques. (*Toutes les fleurs se groupent dans le fond avec les légumes.*)

SCÈNE IV.
LES MÊMES, L'ABEILLE.

AIR *des Hussards de Chamboran.*

C'est moi qui suis l'abeille voyageuse,
Je vole, vole, et sur l'aile du temps
Je vais partout, inconstante et rieuse,
Me réchauffant aux doux feux du printemps!
Je suis bonn' bêt' mais j' piqu' pourtant.
L'enfant
Méchant
Me causant
Du tourment!
Car il me faut ma liberté,
C'est ma gaîté,
Ma santé,
Ma beauté.
Je vole, vole, au caprice du vent,
Faisant entendre un gai bourdonnement,
Je vole, vole, ayant le cœur content,
Sans m'inquiéter d'où peut souffler le vent!

DEUXIÈME COUPLET.

Je suis très-volage,
Chaqu' fleur à son tour,
A droit sans partage,
A tout mon amour!
Puis gagnant ma ruche,
Mon petit hôtel,
Vite je m'y buche,
Pour y fair' du miel.
(*Presque pleurant.*)
Mais, ô douleur! un épicier cruel
Vient me dérober mon doux miel :
(*Parlé.*) Prenez donc de la peine à fabriquer de bonnes petites sucreries, pour qu'on vienne vous les voler, sans payer... Mon pauvre miel, j'ai beau bourdonner des paroles mielleuses, rien n'y fait! Il faut cesser ma lune de miel, il faut recommencer mes butineries à travers la campagne, mais bast!
C'est moi qui suis l'abeille, etc.
(*Elle se retourne et aperçoit les fleurs.*) Oh! les jolies fleurs! si j'allais les embrasser un peu, seulement pour voir si elles sont sucrées...
TOUTES LES FLEURS, *criant.* A nous!... au secours!... (*Elles se sauvent, l'Abeille les poursuit.*)
DIMANCHE, *à Royaumir.* Est-ce que vous allez laisser dévaster ainsi votre potager...
ROYAUMIR. Ne crains rien!... je saurai bien le vaincre!... (*Il exécute des passes et les magnétise: les légumes, les fleurs, les abeilles restent dans la position où ils sont entrés, et forment un tableau gracieux.*)
DIMANCHE. Ils ne bougent plus!

ZODIAQUE. Je dirai même plus, ils sont immobiles!...

ROYAUMIR. Elle dort!... (*Allant à l'Abeille et faisant le geste de lui arracher son dard.*) J'arrache son aiguillon, et maintenant qu'elle n'est plus à craindre pour mes fleurs, je vais les réveiller et leur faire exécuter une danse digne d'un parterre. (*Il les réveille peu à peu.*)

DIMANCHE. Ah!... homme habile, je donnerai mes rentes pour leurs *petits pas!*... (*Dimanche et Zodiaque vont s'asseoir à droite.* Royaumir finit de réveiller les fleurs. L'*Abeille* exécute une danse originale avec la Violette qu'elle a l'air de poursuivre. Après le pas, grande danse générale. Tableau.

ACTE IV.
Septième Tableau.
LES FICELLES DE POLICHINELLE.
Les coulisses de l'Hippodrôme.

SCENE PREMIERE.
POLICHINELLE, L'ECUYER.

POLICHINELLE. Le programme des théâtres! achetez le programme des théâtres, le compte-rendu de toutes les pièces pour un sou.

L'ÉCUYER. Qu'est-ce qui vous a permis de venir ici? On n'y entre pas ici.

POLICHINELLE. Vous voyez bien que si, on y entre, puisque j'y suis. D'ailleurs, Polichinelle entre partout.

L'ÉCUYER. Vous êtes dans les coulisses de l'Hippodrome.

POLICHINELLE. Je le sais bien, j'en rends compte aussi dans ma nouvelle feuille. Lisez mon journal *le Polichinelle*. Vous pourrez le louer. Je ne vous ferai rien payer. Je ne vous demande que mes entrées à cette condition. Je ferai l'éloge pompeux de vos exercices. J'applaudirai, je demanderai bis. Enfin, je ferai une vraie vie de polichinelle.

L'ÉCUYER. Venez, alors, que je vous présente au directeur.

POLICHINELLE. Je vous suis. (*Ils sortent.*)

SCENE II.
LES MÊMES, DIMANCHE, ZODIAQUE.

DIMANCHE, *en entrant, à Zodiaque.* Vous voulez tout voir, il faut risquer quelque chose; mais faites attention, vous ne pouvez pas me suivre sans me marcher sur mes talons. Que le diable emporte votre majesté!

ZODIAQUE. Tu grognes toujours... où sommes-nous? si on allait nous mettre au corps de garde.

DIMANCHE. Je vous réclamerais.

ZODIAQUE. Eh bien! et toi, qu'est-ce qui te réclamerais?

DIMANCHE, *à Polichinelle.* Eh bien! vous.

ZODIAQUE. C'est ça, nous nous réclamerons à tour de rôle.

DIMANCHE. Et puis, nous trouverons un prétexte.

SCÈNE III.
LES MÊMES, CRAPIN.

CRAPIN. Une! deux! le coup de poing! trois! quatre! le coup de talon! cinq! six! le coup de pointe! (*Il touche Dimanche qui crie.*)

DIMANCHE. Aïe!

CRAPIN. Qu'est-ce qu'il y a pour votre service? (*Il le boxe tout en parlant.*)

DIMANCHE. Pas ça, toujours? ni ça.

CRAPIN passe au milieu d'eux et les boxe tout en causant. Je vous demande pardon, je vais paraître tout à l'heure, j'ai besoin de me tenir en haleine. Crapin, lutteur, professeur, répétiteur du pugilat, de savate, etc., voilà un coup perfide. (*Il frappe Zodiaque.*)

DIMANCHE. Vous lui coupez la respiration.

CRAPIN. Je le sais bien, et celui-ci dans l'os... juste!

ZODIAQUE. Oh! mais! oh! mais!...

DIMANCHE, *à Crapin.* Ne l'irritez pas! il est excessivement crin!

CRAPIN. Ah! (*A part.*) C'est un lutteur amateur. Il a l'air solide. (*Crapin va à lui, Zodiaque recule, Dimanche va derrière lui.*) Ah! vous avez lu l'affiche, vous voulez gagner les dix mille francs?

ZODIAQUE. Mais oui, mais oui! (*A part.* Qu'est-ce qu'il veut dire?

CRAPIN. Ça ne sera pas facile.

ZODIAQUE, *à Dimanche.* Qu'est-ce qu'il faut faire?...

DIMANCHE. Faites ce qu'il voudra, parbleu!

CRAPIN. Ah! vous avez lu l'affiche! Une! deux! pose! (*Il se campe.*)

DIMANCHE. Faites comme lui, ce sont des signes maçonniques. (*Zodiaque se campe comme lui.*)

CRAPIN. Mal posé, pas de principes; mais ces amateurs-là sont quelquefois robustes comme des taureaux! (*Haut.*) Avez-vous pratiqué?

ZODIAQUE. Hein?

DIMANCHE. Oui, il a pratiqué. (*A Zodiaque.*) Répondez : oui.

ZODIAQUE. Oui, j'ai pratiqué... parbleu! si j'ai... (*à Dimanche.*) quoi?

CRAPIN, *à part.* Il va me donner une danse en public; effrayons-le. (*Haut.*) J'ai assommé un cheval!

ZODIAQUE. Qu'est-ce que ça me fait?

CRAPIN, *à part.* Rien ne l'effraye! (*Haut.*) Eh bien, nous lutterons.

ZODIAQUE. Hein?

DIMANCHE. Voilà le prétexte, oui, il vous prend pour un lutteur.. Allons, ne faites pas le modeste, vous avez besoin de mille francs... vous allez les gagner. Faites de l'esbrouffe.

ZODIAQUE. Par la corbleu! sang bleu! fouchtra!

CRAPIN, *à part.* C'est peut-être un autre terrible Savoyard. (*Haut.*) Ecoutez, mon brave.

ZODIAQUE. Je n'écoute rien. (*Il poursuit Dimanche et fait semblant de l'enlever.*)

DIMANCHE. Bon! vous allez me lancer comme samedi dernier à vingt-sept pas. Je ne veux pas! (*Zodiaque fait des évolutions.*)

CRAPIN, *à part.* Je vais recevoir une horrible trempée, c'est sûr. Cela me fera perdre ma réputation! Monsieur, écoutez : je suis père de famille... j'ai plusieurs enfants.

ZODIAQUE. Je n'en ai pas, moi, monsieur.

DIMANCHE. Il n'en a pas! et pourtant ses moyens le lui permettent.

CRAPIN. Je les nourris avec mes poings.

DIMANCHE. Quand son fils lui demande à manger, il lui dit : Mange mon poing et garde l'autre... On connaît ça...

CRAPIN. Je suis très fort.

ZODIAQUE. Nous verrons! nous verrons!...

CRAPIN. Arrangeons-nous, faisons semblant de nous éreinter chacun à notre tour, ça fait de l'effet, et tant de tués que de blessés, il n'y a que le public d'attrapé!

ZODIAQUE. Je vais consulter mon secrétaire... hein? Dis donc, je suis peut-être fort... je n'ai jamais essayé!

DIMANCHE. Allons donc! je ne vous risquerais pas contre une mouche mal disposée.

ZODIAQUE. Allons, je veux bien faire des concessions.

CRAPIN. C'est ça, convenons de nos coups. Je vous porte en tierce, vous parez en quarte; retournez-vous. (*Il lui donne un coup de pied au derrière.*)

ZODIAQUE Il me manque!

DIMANCHE. Non pas! c'était très-bien porté... Voilà un spectacle amusant... Zodiaque... Zodiaque, votre réputation va s'établir sur des fondements solides.

ZODIAQUE, CRAPIN.
AIR : *Au combat.*

Au combat, oui, marchons,
Flanquons-nous des horions,
Appliquons-nous des pochons.
A la gloire qui m'appelle
Je ne serai pas rebelle,
Quand bien même la cruelle
Pour prix de tant de succès,
Me ferait payer les frais.

ZODIAQUE.
Je vais mettre un maillot.

DIMANCHE.
Votre mollet est passable.

ZODIAQUE.
Mon dos est présentable.

DIMANCHE.
Ne le présentez pas trop.

SCÈNE IV.
DIMANCHE, ZODIAQUE, *puis* POLICHINELLE. *puis* M*me* SAQUI.

ZODIAQUE. Marchez devant, je vous suis. (*A Dimanche.*) J'en ai assez.

DIMANCHE. Vous avez tort. Je cherche à vous donner de l'agrément; ça me fait plaisir de vous voir vous amuser; je ne suis pas égoïste, moi. Enfin, je pourrais prendre votre place; mais, du moment qu'il y a quelque chose d'agréable à recevoir, je vous mets toujours en avant. Vous oublierez tout cela un jour, ingrat! à moins que votre adversaire vous en fasse souvenir longtemps.

POLICHINELLE. Vous comprenez bien, monsieur le directeur, que le besoin d'un nouveau programme se faisant généralement sentir, je vais propager ailleurs mes prospectus.

DIMANCHE. Nous voulions courir les spectacles, ce maître bossu pourra nous apprendre où nous devons aller pour nous amuser.

ZODIAQUE. Bon.

DIMANCHE. Monsieur, permettez-moi de vous présenter le bonjour de mon ami le roi Zodiaque, touriste distingué voyageant incognito pour son plaisir, mais pas pour le mien. Pourriez-vous, seigneur Polichinelle, nous donner un programme des spectacles?

POLICHINELLE. Tenez, lisez, monsieur, nos pièces en vogue.

DIMANCHE. Diable! il y en a donc beaucoup! Que de succès!

POLICHINELLE.
AIR : *Arweed.*

Les théâtres ont été riches
Car on voit tous les murs couverts
De mirobolantes affiches.
Dans les quartiers les plus divers,
Et même dans les plus déserts,
On en a mis jusqu'à Versailles.

DIMANCHE.
On finit par en abuser,
On d'vrait défendr' de déposer
Tant d' succès contr' les murailles.

Voyons, monsieur Polichinel, commencez; je suis un habitué des théâtres, tous les dimanches je fais partie de ce bon public... vous verrez que je m'y connais. (*A Zodiaque.*) Attention, sire....

ZODIAQUE. Mon ami, je suis tout oreilles...

POLICHINELLE. Vaudeville : La dame aux Camélias ; ouvrage destiné à former le cœur et l'esprit des demoiselles, succès monstre qui prouve jusqu'à quel point nous adorons la morale au théâtre.

DIMANCHE. Passons!

POLICHINELLE. Opéra national, théâtre lyrique : Pour encourager et favoriser les jeunes Compositeurs, les lauréats du conservatoire, les prix de Rome. RÉPERTOIRE. Si j'étais roi, musique de..., La Poupée de Nuremberg, du même. Le Postillon de Lonjumeau, du même.

ZODIAQUE. Qu'est-ce que ça prouve.

DIMANCHE. Ça prouve qu'il y a bien des trous à boucher, puis qu'on emploie toutes les chevilles de maître Adam.

AIR *des chevilles.*

Aussitôt que la lumière
Sur l'heureux théâtre a lui,
Ce talent que l'on vénère
S'est tout de suite introduit.
Comme le premier des hommes,
Maître Adam, je le prédis,
Croquera toutes les pommes
De ce nouveau paradis.

POLICHINELLE. Gaîté : je ne vous parle pas de Paris qui pleure.

DIMANCHE. Non, on en a trop abusé, Paris la nuit, Paris qui dort, Paris qui s'éveille... il paraît que nos auteurs dramatiques avaient bien des plans de Paris .. espérons qu'ils ont fini de faire passer la capitale sur la scène...

ZODIAQUE. Tiens, s'est drôle que je croyais que c'était la seine qui passait dans la capitale.

POLICHINELLE, La Bergère des Alpes.

ZODIAQUE. Tiens j'ai vu ça l'autre soir.

POLICHINELLE. Ambigu comique, Jean le Cocher voici qui roule.

DIMANCHE, Taisez-vous donc, c'est d'un long... on dirait qu'on a pris ce cocher là à l'heure.

ZODIAQUE. A propos de cocher, si nous en cherchions un pour rentre. Voilà la pluie qui commence à tomber.

UNE ÉCUYÈRE. Nous ne voulons pas travailler.

L'ÉCUYER. Nous ne voulons pas travailler, c'est ce que nous verrons

DIMANCHE. Quelles sont ces nymphes?

UN ÉCUYER. Ce sont des écuyères qui refusent le service.

LES ÉCUYERS. Il pleut, nous ne voulons pas travailler.

SAQUI. Vous ne voulez pas travailler ! par la mortdieu sont-ce des écuyères que j'entend gémir ainsi.

DIMANCHE. Qui êtes-vous mon bonhomme ?

SAQUI. Qui je suis...

AIR *connu.*

Je suis la Saqui,
Je suis la danseuse,
Célèbre et fameuse
Des temps passés, qui,
Par ses pas exquis,

Par sa mâle audace,
Sa force et sa grâce,
Fit courir Paris.
J'ai quatre-vingts ans,
Mais une perruque
Cache sur ma nuque
Tous mes cheveux blancs.
Mon bras est dodu,
Ma jambe est bien faite,
Et je ne regrette
Pas le temps perdu.
Mes hardis chassés
Qui vous éblouissent,
Qui vous réjouissent,
Mes vifs balancés
Aux gens empressés,
Quoiqu'ils m'applaudissent
Et qu'ils me chérissent,
Font crier : Assez !
Sur le mac-adam
J'ai l'air d'une canne,
Sitôt que je plane
Au son du tam-tam.
Sur le fil de fer
Qui remue et tremble,
Alors je ressemble
A l'aigle si fier.
On laissait crouler
L'art des acrobates,
De vrais culs-de-jatte
Voulaient s'en mêler.
Oui, c'en était fait,
De corde en France,
Soudain je m'élance.
La Saqui paraît !
A plus d'un gamin
Une pauvre vieille,
Restant sans pareille,
Montre le chemin
Comme en ses beaux jours,
Oui, l'octogénaire
Brillante et légère,
Dansera toujours.
Allons, mes enfants,
En ces lieux, vos pères
Contemplaient naguères
Mes bonds triomphants,
Aux Délassements.
On vit mon aurore,
Qu'on m'y couvre encore
D'applaudissements !

DIMANCHE. Vous avez raison, la vieille !
RIQUIQUI. Oui, je suis vieille, mais ça n'est pas honnête à vous de me le dire quand on ne vous demande pas votre opinion. Allons, malgré l'orage... c'est moi qui vais commencer mes exercices... donnez-moi un drapeau... frottez de blanc mes escarpins et sonnez la trompette ; tenez, la pluie cesse le soleil brille. Il semble obéir à ma voix bien ! beau soleil ! je vais tâcher de me rapprocher de toi le plus possible pour te remercier et te souhaiter le bonjour.

AIR de *Loïsa Puget.*

Je vais danser, me trémousser,
Tout renverser et me surpasser.
  A deux genoux
  Prosternez-vous
Devant votre maîtresse à tous.

DIMANCHE.

C'est qu'elle est vraiment miraculeuse,
Elle ne paraît que dix-huit ans,
Ah ! ce serait chose trop heureuse
De voir rajeunir les vieux talents.

REPRISE.

Je vais danser, etc.   *Elle sort.*

SCENE V.
LES MÊMES, moins SAQUI.

ZODIAQUE. Ah ! que c'est donc beau ! que c'est beau.
DIMANCHE. Elle est entrée au Cirque.
LE NOUVEAU CIRQUE. Qu'est-ce qui parle d eCirque. (*Demandez.*) Le nouveau Cirque du boulevard du Temple remplaçant un *pâté* de maisons et ayant la forme d'un pâté.
DIMANCHE. Le Cirque des Champs Élysées.
LE CIRQUE. Le nouveau Cirque.

  AIR : *Ça n'est rien* (Paul Henrion).

  Ah ! vraiment
    C'est charmant,
Venez voir nos exercices
Pour avoir nos prémices,
Ne perdez pas un moment.
  Ah ! vraiment,
  C'est charmant.
  C'est vraiment
    Charmant.
L'écuyère est intrépide,
A plus d'aplomb que de vertu.
  C'est connu
  Hu ! hu ! hu !
Autrefois la plus timide
Courait sur un cheval nu.
  Oui, tout nu,
  Hu, hu, hu.
Mais grâce aux énormes selles
Qu'on vient enfin d'inventer,
Là-dessus ces demoiselles
Pourraient coudre et tricoter.
  Ah ! vraiment, etc.
Ouvrez vos yeux, vos oreilles,
Tout est frais, tout est nouveau,
  Bien nouveau,
  Oh ! oh ! oh !
Comme le tour des bouteilles,
Rognolet et Pascareau.
  Pascareau,
  Oh ! oh ! oh !
En voyant ces bonnes têtes,
Souvent le public se dit :
Si les figurants sont bêtes,
Les chevaux ont de l'esprit.
  Ah ! vraiment, etc.   *Il sort.*

ZODIAQUE. Dimanche?
DIMANCHE. Eh bien?
ZODIAQUE J'éprouve une grande envie d'aller...
DIMANCHE. Ah ! bon ! vous êtes insupportable.
ZODIAQUE. Laisse moi finir d'aller voir un drame.
POLICHINELLE. Alors j'ai votre affaire, Richard III
DIMANCHE. Richard III?
POLICHINELLE. Richard III, drame historique par Victor Séjour, succès qui a fait un long séjour sur l'affiche, grâce surtout à son principal interprète, sociétaire retiré de la Comédie Française.
ZODIAQUE. Pourquoi retiré ? elle a donc trop de grands acteurs la Comédie Française ?
POLICHINELLE. Au contraire ; elle en garde le moins possible parce que ça dépare l'ensemble.

DIMANCHE.

  AIR : *Soldat français.*

Quoi ! du théâtre où le nom de Talma
Laisse partout une empreinte immortelle,
Les comédiens que son talent forma
Sont éloignés et nul ne les rappelle !

Dans vos succès ils ont tous eu leur part,
Croyez-le bien, pilote mal habile ;
Laissez partir les vrais amis de l'art.
Car ce sera l'honneur du boulevard
De leur servir au moins d'asile.

POLICHINELLE. Oui, c'est le boulevard qui a accueilli Richard III.

SCENE VI.

LES MÊMES, RICHARD III.

RICHARD III. Voilà... place, manants, vous parliez de moi, vous avez raison, c'est mon plus beau rôle, une création en dehors.

DIMANCHE. Pourvu qu'il ne se mette pas dedans.

RICHARD 3, *déclamant.*

Eh quoi ! sous cette voûte sombre
Du vainqueur du lion repose la grande ombre.

Non, c'est d'une ancienne tragédie.. ça.., Richard III, quel sujet intéressant !

ZODIAQUE. Il est donc roi et sujet tout à la fois.

DIMANCHE. Taisez-vous donc...

RICHARD III. J'ai tout ce qu'il faut pour émouvoir, pour plaire : voleur... assassin... empoisonneur... une vraie canaille, ça fait plaisir au public... les moutards d'Edouard me gênaient... on leur serre leur cou... histoire de leur apprendre à mettre sa cravate... couac... ad patres... (*Déclamant.*)

Quand ils ont tant d'esprit les enfants vivent peu...

Ah ! je disais cela dans les Enfants d'Édouard... ma mère me gênait... ma femme me gênait, les femmes, ça pleure toujours... (*Déclamant.*)

Mon Dieu les belles larmes,
Qu'elles jaillissaient bien d'un cœur au désespoir,
On les ferait couler seulement pour les voir.

C'est drôle, je reviens toujours aux Enfants d'Édouard... Partez, ma femme... partez, ma mère... elle m'appelait meurtrier... tigre... monstre... opprobre de l'Angleterre, elle n'a jamais eu que des choses désagréables à me dire, ma mère... oui, je suis bien Richard III... je suis roi !... tout-puissant .. ils se liguent contre moi pourtant... tous contre un seul homme... lâches... lâches, lâches, je suis obligé de le dire trois fois, c'est comme ça dans la pièce... et ils croient que j'ai peur... (*Déclamant.*)

Pour qu'un glaive excite mes alarmes
Enfants, la mort et moi se sont vus de trop près ;
A présent l'un pour l'autre il n'est pas de secrets.

Bon, voilà que je prends Marino Faliero, maintenant... c'était sur le même théâtre, on se tromperait à moins... Ah !... quel rôle que ce Richard III ! comme il je suis beau, dans ma laideur et ma mort... oh ! ma mort doit me rendre immortel... Ils sont là... je les entends, respect au vaincu... respect au mort... où est-il donc le mort... Petit bonhomme vit encore, je veux mourir la lance au poing, le casque en tête... et ma couronne !... que diable ai-je donc fait de ma couronne ?... Ah ! la voilà... ils y ont fourré des épingles... on s'y pique les doigts... eh bien ! non, je ne veux pas mourir... Plus c'est long, plus ça fait plaisir au public... Mon cheval... hein... mon épée... hein, que je brandisse mon cheval, que j'enfourche mon épée : allons, voilà que je dis des bêtises.. la vie... quelle bamboche... la mort, on lui dit zut... on lui fait ça, hein... il me semble que je claque... Titi déménage... mon corps, prenez-le, c'est un vol que vous faites aux charençons... Dieu, que c'est bête l'humanité !... (*Il meurt. Il se relève presque aussitôt et dit :*)

Avec permission de l'illustre Shaskespire,
Ce beau drame suit son chemin,
Et c'est ainsi que chaque soir j'expire
Pour renaître le lendemain.   *Il sort.*

DIMANCHE. Bravo ! Richard cent onze.

ZODIAQUE. Bravo ! Richard III. En voilà des succès. Ah !

DIMANCHE. Est-ce que vous avez avalé votre langue ?

ZODIAQUE. Et le but de notre voyage.

DIMANCHE. Après !

ZODIAQUE. Le Dimanche peut-il s'absenter sans permission du Zodiaque.

DIMANCHE. Ah ! C'est vrai ! il y a si longtemps que nous sommes partis que je n'y étais plus du tout... Vous avez bien fait de me remettre sur la voie.

ZODIAQUE. Es-tu content de ce que tu as vu sur terre.

DIMANCHE. Chut donc ! Ce n'est pas à moi qu'il faut faire cette question ; nous avons devant nous un tribunal suprême plus imposant que nous. Je voulais m'en aller et maintenant...

ZODIAQUE. Retournons à la maison ; j'ai besoin de voir mon petit royaume, et puis je dois épouser la comète, nos bans sont publiés, j'ai pris pour témoin deux Étoiles.

DIMANCHE. Trois Étoiles.

ZODIAQUE. Deux.

DIMANCHE. Trois. Vous allez recommencer à cette heure, en plein jour, auriez-vous la prétention de me faire venir des étoiles en plein midi.

ZODIAQUE. Oui, j'ai cette prétention. Tu consens à venir, n'est-ce pas.

DIMANCHE. Oui, oui, oui. Trois fois oui.

ZODIAQUE.

AIR *du prologue.*

Et cependant je crois utile et sage
De t'emmener au plus vite avec moi,
Car tu pourrais dans le cours du voyage
Filer encore, et j'ai besoin de toi.

Le décor change et représente le royaume de Zodiaque. Les Mois sont rangés autour d'un trône

ZODIAQUE.

Sujets chéris, vous retrouvez un père,
Chantez tous faux, sans égard pour mon rang,
Je suis joyeux, bien joyeux, car sur terre
J'ai su trouver, devinez quoi... du flan !

DIMANCHE.

Pour vos sujets, je dois le reconnaître,
Ce souvenir du flan n'est pas banal.
Pour me juger ce soir, ô ! mon cher maître,
Je veux avoir un plus grand tribunal,
De ses bravos le public n'est pas chiche,
Il est clément, il aime à pardonner ;
Et je voudrais à rester sur l'affiche
Pendant trois mois m'entendre condamner.

FIN.

Chez Dechaume, Libraire, 57, rue Charlot.

PARIS THÉATRAL.

RECUEIL DE PIÈCES ET PANTOMIMES NOUVELLES.

Pièces à 60 centimes.

- Ah! que l'amour est agréable! v. en 5 a.
- L'Hospitalité d'une Grisette, v. en 1 a.
- Les Fleurs animées, v. en 1 a.
- Par les Femmes, v. en 1 acte.
- L'Officier de Marine, v. en 1 a.
- Promettre et tenir, c. 1 a. (Odéon).
- Un Homme de ménage, v. en 1 a.
- Un Voyage à Melun, v. en 1 a.
- La Fille du Diable, v. f. en 1 a.
- Biographie de M. Laferrière, rôle de l'Idiot.
- Biographie de M. Ch. Debureau fils (les Épreuves).
- Les Fils de Télémaque, v. en 1 a.
- Le Voyage en Icarie, v. en 1 a.
- Entre amis, v. en 1 a.
- Un Déluge d'inventions, revue.
- Le Stagiaire, ou l'Avocat sans causes, vaud. en 1 acte.
- L'Homme au Manteau bleu, dr. vaud. en 3 actes.
- Mauricette, vaud. en 1 acte.
- Phébus et Borée, com.-v. en 1 a.
- Un Coin du Palais de Cristal, à-propos-v. en 1 a. et 2 tabl.
- Le Colporteur, com.-v. en 2 a.
- Robert-Macaire et Bertrand, folie en 1 acte.
- Le Père Joseph, com. mêlée de chant, en 3 actes.
- Les Revenants de Pontoise, vaud. en 1 acte.
- Une Soirée agitée, vaud. en 1 a.
- Les Physiologies, com.-v. en 1 a.
- Qui paye ses dettes, s'enrichit, vaud. en 1 acte.
- Dans une Armoire, vaud. 1 act.

Pantomimes.

- Le Bœuf enragé, 12 tableaux.
- L'Œuf rouge et blanc, 16 tabl.
- Les Deux Pierrots, 14 tabl.
- Les Trois Pierrots, 12 tabl.
- Les Épreuves, 13 tabl.
- Les 8 Filles à Cassandre, 8 tabl.
- La Reine des Carottes, 8 tabl.
- Pierrot marié, 19 tabl.
- Pierrot maçon, 5 tabl.
- Polichinelle, Vampire, 15 tabl.
- Pierrot possédé, 10 tabl.
- Les Haricots malades, 6 tabl.
- Les Tiroirs du Diable, 8 tabl.
- Les Pêcheurs Napolitains, 10 t.
- Naufrageurs de la Bretagne, 13 t.
- Joujoux, de Bric-à-Brac, 15 t.
- Pierrot et les Bandits, 9 tabl.
- 1000 Tribulations de Pierrot, 17 t.
- Arcadius, 11 tabl.
- La Clef des Songes, 13 tabl.

Paris. — Imprimerie de M⁽ᵉ⁾ V⁽ᵉ⁾ Dondey Dupré, rue Saint-Louis, 46, au Marais.

www.ingramcontent.com/pod-product-compliance
Lightning Source LLC
Chambersburg PA
CBHW060600050426
42451CB00011B/2012